Deutscher Werkbund Berlin e.V. (Ed.)

Winfried Brenne

Master of colourful
architecture in Berlin

BRUNO TAUT

Meister des farbigen Bauens
in Berlin

BRAUN

Danksagung
Acknowledgements

Wir danken dem Auswärtigen Amt der Bundesrepublik Deutschland für die Förderung des Projekts.

Zu danken ist den Wohnungsbaugesellschaften und -genossenschaften GEHAG, GSW, Berliner Bau- und Wohnungsgenossenschaft von 1892 eG, Gemeinnützige Baugenossenschaft „Freie Scholle" zu Berlin eG sowie STADT UND LAND Wohnbauten-Gesellschaft, die neben der finanziellen Unterstützung durch ihr jahrelanges Engagement für den Erhalt und die Wiederherstellung der Wohnanlagen und Siedlungen von Bruno Taut einen entscheidenden Beitrag zur Bewahrung dieses kulturellen Erbes geleistet haben.

Ein besonderer Dank gilt der KEIMFARBEN GmbH & Co. KG in Diedorf, die sich ebenfalls an der Finanzierung beteiligt hat und seit vielen Jahren mit fachlicher Unterstützung bei der Wiedergewinnung der farbigen Architektur Tauts beratend zur Seite stand.

Für die schnelle und unbürokratische Hilfe im Zusammenhang mit der Erarbeitung der Publikation sind folgende Institutionen besonders zu nennen: Archivabteilung Baukunst der Akademie der Künste für die Bereitstellung historischer Fotografien zu den Werken Tauts, Landesdenkmalamt Berlin und Untere Denkmalschutzbehörden in den Bezirken sowie Landesarchiv Berlin für die fachliche Beratung und Unterstützung. Auch den verschiedenen Berliner Bibliotheken sei gedankt, die mit Ihrer Erlaubnis zur Reproduktion aus den historischen Buchbeständen zum Gelingen der Publikation beigetragen haben.

We wish to thank the Auswärtiges Amt der Bundesrepublik Deutschland for their support of this project.

Special thanks goes out to the following housing companies and housing cooperatives: GEHAG, GSW, Berliner Bau- und Wohnungsgenossenschaft von 1892 eG, Gemeinnützige Baugenossenschaft "Freie Scholle" zu Berlin, and STADT UND LAND Wohnbautengesellschaft. They all not only provided financial support for this project but also have played a central role in preserving and restoring the cultural inheritence manifested in the housing estates and settlements created by Bruno Taut.

We also wish to thank the KEIMFARBEN GmbH & Co. KG in Diedorf who financially supported this project and for many years provided specialist support as a consultant for the recovery of the colourful architecture of Taut.

The following institutions provided swift and unbureaucratic assistance and should be specially mentioned: the Archivabteilung Baukunst der Akademie der Künste, Köster Fotosammlung provided historic photographic materials of Taut's works; the Landesdenkmalamt Berlin, the Unteren Denkmalschutzbehörden in the city districts, and the Landesarchiv Berlin assisted us with professional advice and support. Various Berlin libraries also receive our thanks for allowing the reproduction of historic materials that play a central role in the success of this publication.

Inhalt
Contents

Vorwort
Foreword

Bruno Taut gehört nicht nur zu den bedeutendsten Architekten der Moderne, sondern auch zu den frühen Mitgliedern des 1907 gegründeten Deutschen Werkbundes. Aus Anlass seines 125. Geburtstages widmet ihm der Berliner Werkbund ein Buch und eine Ausstellung.

Bruno Taut war Architekt, Stadtplaner, Designer, Humanist, Idealist, Sozialreformer, Utopist und vor allem Künstler. Intellekt und Gefühl spiegeln sich in seinen Siedlungsbauten der 20er Jahre in Berlin und verleihen ihnen einen einzigartigen Charakter. Mit sparsamen Mitteln, sorgfältig ausgearbeiteten Details und unter Einbeziehung von Außenwohnräumen hat Bruno Taut die Wohn- und Lebensräume reformiert. Raffinesse und Sparsamkeit in den Formelementen lassen seine Architektur traditionsbewusst und neuartig zugleich erscheinen. Die Qualität der Architektur von Bruno Taut liegt nicht zuletzt in ihrer expressiven Farbigkeit, die ein Markenzeichen seines Werkes geworden ist.

In dem vorliegenden Buch werden Bruno Tauts Berliner Wohnanlagen und Siedlungsbauten systematisch dargestellt. Der Werkkatalog gibt einen umfassenden Überblick über das architektonische Werk, dessen Entstehungsphasen, Sanierungsmaßnahmen, Verfahren im Denkmalschutz und den gegenwärtigen Zustand. Der Architekt Winfried Brenne hat, anfangs in Partnerschaft mit Helge Pitz, grundlegende Beiträge zur Wiedergewinnung und zum Erhalt des Taut'schen Erbes geleistet. Die analytische Sorgfalt und die handwerklichen Erfahrungen bei der hier erbrachten Arbeit sowie die Sanierungsergebnisse sind von exemplarischem Wert für die vielerorts gefährdeten Bauzeugnisse des 20. Jahrhunderts.

Mit unterschiedlichen Aspekten im Werk von Bruno Taut beschäftigen sich vorangestellte Beiträge: Bruno Tauts Wirken im Werkbund, die Elemente Licht und Farbe in seiner Architektur, seine Bedeutung für die Denkmalpflege. Otto Schily knüpft an familiäre Bindungen an. Edzard Reuter erinnert sich als Zeitzeuge und Kurt Junghanns schöpft aus seinem Reservoir als Biograph.

Die Bestrebungen, vier bedeutende Berliner Siedlungen von Bruno Taut in das Weltkulturerbe aufzunehmen, werden vom Deutschen Werkbund Berlin nachdrücklich unterstützt. Der Herausgeber möchte mit diesem Buch dafür werben und an den „Meister des farbigen Bauens" erinnern, der die Architektur des 20. Jahrhunderts nachhaltig geprägt hat.

Deutscher Werkbund Berlin e.V.

Bruno Taut not only belongs to the most significant modernist architects, but was also one of the early members of the German Werkbund founded in 1907. On the occasion of his 125th birthday, the Berlin German Werkbund is dedicating a book and exhibition to his memory.

Bruno Taut sought to renew living style and interior decoration during his entire life. This volume is dedicated to his Berlin housing and apartment developments, affording an overview of his architectonic work, its construction phases, restoration measures, present conditions and monument protection procedures. The architect Winfried Brenne explains formative characteristics of the buildings and plans with the help of examples, showing how Taut lastingly influenced twentieth-century architecture. The authors of the preceding contributions include Edzard Reuter, who reminisces on the Taut's time, and Otto Schily, who establishes familial bonds.

With this book, the German Werkbund Berlin simultaneously supports the efforts to declare four important Bruno Taut developments as World Cultural Legacies.

German Werkbund Berlin

Geleitwort
Preface

Bruno Taut hat die Welt wiederholt mit eigenständigen Leistungen überrascht. Mit dem Monument des Eisens und der farbigen „Tuschkastensiedlung" 1913, dem Glashaus 1914, mit dem Friedensmanifest der Alpinen Architektur, um in den Goldenen Zwanzigern zu einem Meister des sozialen Wohnungsbaus aufzusteigen. Heute sind vier seiner Siedlungen in Berlin Anwärter auf einen Platz in der Liste des Weltkulturerbes. Er hat in Berlin zehntausend Wohnungen gebaut, aber sein Werk galt in deutschen Fachkreisen als „hausbackenes Zeug", und die Berliner Presse verhöhnte ihn als Architekt des „Kleine-Leute-Glücks". Das faschistische Deutschland trieb ihn schließlich als einen „Roten'" in die Emigration. Taut hat sein großes Werk nicht wiedergesehen. Inzwischen hat eine kleine Schar von „Tautianern" durch ihre Forschungen die Bausteine zu einer Gesamtdarstellung des Taut-Werkes zusammengetragen. Ihnen allen gebührt unser Dank, auch dem Deutschen Werkbund Berlin für den Entschluß, das in Berlin entstandene Werk seines ehemaligen Mitglieds Bruno Taut in einer Publikation herauszugeben.

Kurt Junghanns †

Bruno Taut repeatedly surprised the world with his highly individual achievements. With the Monument of Iron and the colourful "Tuschkastensiedlung" (Ink Box Housing Development) of 1913, the "Glashaus" (Glass House) of 1914 and the peace manifesto of Alpine architecture, he rose to become a master of social apartment architecture during the golden 1920s. Today two of his large developments in Berlin – the world-famous Horseshoe in Britz and the residential development Carl Legien in Prenzlauer Berg – are candidates for a place on the list of World Cultural Legacies. Taut built ten thousand apartments in Berlin, but his work was considered "home-made stuff" among German experts; the Berlin press mocked him as an architect of "little people's happiness." Fascist Germany finally drove him into emigration as a "red." Taut never saw his greatest work again. Meanwhile, through their research, a small band of "Tautians" gathered together the important components to form an overall representation of Taut's work. They all deserve our thanks, including the German Werkbund Berlin for their decision to issue the work, created in Berlin, of their former member Bruno Taut in a publication.

Kurt Junghanns †

Erinnerung an Bruno Taut

Bruno Taut Remembered

Mit Sicherheit bedeutet es keine Übertreibung oder gar Verklärung, wenn ich mich an Bruno Taut als eines der Idole meiner Jugendzeit erinnere. Städtebau und Architektur spielten im politischen Weltbild meines Vaters, aber auch meiner Mutter, eine besondere Rolle. Nicht zuletzt hing das wohl damit zusammen, dass die soziale und die ästhetische Komponente dieser Disziplinen seit jeher im Mittelpunkt standen, wenn es um das alte sozialdemokratische Anliegen ging, die Lebensumstände und das Wohlbefinden der einfachen Menschen außerhalb ihres Arbeitsbereiches auf ein würdiges Niveau anzuheben. Ernst Reuter begriff dieses Ziel als eine der wesentlichen Aufgaben, die er sich als Verkehrsstadtrat im Berlin der zwanziger Jahre und bis zum Ausbruch der „braunen Pest" als Oberbürgermeister von Magdeburg vorgenommen hatte. Gerade in Berlin ging es also beim Ausbau des Schienennetzes der BVG nicht nur um den Verkehr als solchen, sondern weit darüber hinaus darum, draußen am Stadtrand moderne Wohnsiedlungen entstehen zu lassen, deren Bewohner ihren Arbeitsplatz trotzdem schnell und sicher erreichen konnten. Das aber setzte engste Zusammenarbeit mit seinem Kollegen, dem legendären Stadtbaumeister Martin Wagner, und mit Architekten wie Walter Gropius und vielen anderen voraus, die sich gleichfalls diesem Ziel verpflichtet fühlten. Derjenige, der ihm dabei persönlich am nächsten stand, war Bruno Taut.

Das weiß ich, weil die Eltern, die dem heranwachsenden Sohn in der türkischen Emigration von dieser Zeit erzählten, immer wieder mit leuchtenden Augen von der „Hufeisensiedlung" in Britz und, vor allem, von „Onkel Toms Hütte" sprachen. Der Name Bruno Taut blieb da nie ausgeklammert, genau wie bei den Berichten über die spektakulären baulichen Veränderungen, die er in seiner Zeit als Stadtbaurat von Magdeburg in die Wege geleitet hatte und auf denen mein Vater später aufbauen konnte. So kam es, dass der achtjährige Junge wusste, um was es ging, als 1936 die Nachricht eintraf, Bruno Taut sei aus Japan in die Türkei gekommen und werde wichtige bauliche Aufgaben übernehmen.

Alles andere ist schon lebendige Erinnerung an den Menschen Bruno Taut. Sie beginnt mit jenem unvergesslichen Nachmittag auf der Terrasse seines hoch über dem Bosporus gelegenen Hauses in Istanbul, als er den Eltern von seinen japanischen Erfahrungen berichtete und uns die Mappe mit seinen unvergleichlich einfühlsamen Zeichnungen zeigte, die dort entstanden waren. Der Katafalk, auf dem der türkische Staatsgründer nach seinem Tode aufgebahrt war, zählt gleichfalls dazu, doch mehr als alles andere dann jenes Fakultätsgebäude der Universität, das die jungen Menschen, die dort ausgebildet wurden und werden, bis zum heutigen Tage mit seiner einzigartigen Atmosphäre gelassener Schönheit bezaubert.

Auch aktuell gibt es Architekten und Städtebauer, die sich nicht der Versuchung hingeben, mit ihren Werken die einzelnen Menschen nach ihrer eigenen Vorstellung formen zu wollen. Bruno Taut kann, wie ich denke, für alle von ihnen als Vorbild dienen.

Edzard Reuter

This is surely not an exaggeration or transfiguration when I remember Bruno Taut as one of the idols of my youth.

City planning and architecture played a special role in my father's political world-view, in my mother's as well. This certainly had to do with the fact that the social and aesthetic components of this discipline have always served the central concern with raising the living conditions and comfort of the ordinary citizen outside of his working area to a worthy standard, as far as the old social democratic wishes were concerned. Ernst Reuter understood this goal as one of the most important tasks he undertook as City Traffic Councillor in Berlin during the 1920s until the outbreak of the "brown plague," when he was Lord Mayor of Magdeburg. Especially in Berlin, the central concern was not only traffic in general when the BVG railway system was expanded. Far beyond that, the main object was to have modern apartment developments built out on the edge of the city, from which residents could nonetheless reach their places of employment quickly and safely. This required, however, the closest possible collaboration with his colleagues, the legendary town planner Martin Wagner and architects such as Walter Gropius and many others who also felt obliged to dedicate themselves to this goal. The one who stood closest to him personally was Bruno Taut.

I know this because my parents told their adolescent son about this time, whilst in Turkish emigration; time and again they spoke of the "Hufeisensiedlung" (Horseshoe Development) in Britz and especially "Onkel Toms Hütte" (Uncle Tom's Cabin) with a special light in their eyes. The name of Bruno Taut was never excluded, just as in the reports on spectacular building changes that he had carried out during his period as Municipal Councillor of Magdeburg, and upon which my father was later able to build. That is how it happened that the eight-year-old boy knew what was going on when the news arrived in 1936 that Bruno Taut had come to Turkey from Japan and would take on important building projects.

The rest consists of lively memories of the man Bruno Taut. It begins with that unforgettable afternoon on the terrace of his house in Istanbul, high above the Bosphorus, when he told my parents of his Japanese experiences and showed us the portfolio with his incomparably sensitive drawings that he made there. The catafalque upon which the founder of the Turkish state was laid out after his death is also in my memory; but most of all the faculty building of the University with its unique atmosphere of relaxed beauty, enchanting young people who were and are being educated there right up to the present day.

Today, too, there are architects and town planners who do not succumb to the temptation of wanting to form the individual human being, according to their own conception, with their works. I think that Bruno Taut can serve a model to all of them.

Edzard Reuter

Die Erde eine gute Wohnung
The Earth a Good Apartment

Bruno Taut zählt zu jenen eindrucksvollen Gestalten des frühen 20. Jahrhunderts, die sowohl ästhetischen und moralischen Anspruch als auch Vision und Praxis zusammenführen wollten. Seine Generation wurde geprägt von der Erfahrung des Ersten Weltkrieges, dessen ungeheure Entfaltung industrieller Zerstörungskräfte millionenfachen Tod und unendliches Leid produziert hatte. Zugleich zeitigte der Zusammenbruch Europas aber auch kreative Reaktionen und revolutionäre Ideen. Hoffnungsvoll schrieb Taut im Angesicht der Selbstzerstörung Europas: „Und wenn es gelingt, diese Kräfte in eine andere, schönere Bahn zu leiten, dann wird die Erde wirklich eine ‚gute Wohnung' sein."[1]

Eine gute Wohnung: Das bescheidene Idyll des modernen Menschen bekam bei Taut auch einen hohen Sinn. Die etymologische Verwandtschaft des „Wohnens" mit „Wonne" klingt fern in Schillers Freuden-Ode an, wenn der Dichter den Schöpfer „über Sternen wohnen" lässt. Taut wollte diesen inneren Zusammenhang schon auf Erden wirklich werden lassen. In dem bekannten Aufruf, den er mit Peter Behrens, Walter Gropius, Hans Poelzig und anderen zum farbigen Bauen unterzeichnete, heißt es 1919: „Wir wollen keine freudlosen Häuser mehr bauen."[2]

Die Bewohner sollten aber nicht zu ihrem Glück gezwungen werden. Nicht die Menschen müssen sich den Bauten anverwandeln, sondern das Bauen muss menschlichen Bedürfnissen entsprechen. Ein umfassendes Menschenbild versteht darunter mehr als nur äußere Ansprüche. Eine anthropologisch aufgeklärte Architektur lässt auch Raum für innere Bedürfnisse. Wie Rudolf Steiner von den geistig-moralischen Wirkungen der Architektur überzeugt war, so bekannte auch Taut: „Die seelischen Wirkungen der Baukunst stehen außer Frage."[3] Seine „Alpine Architektur" legt von dem Streben nach einer Verbindung von Ästhetik und Moral exemplarisch Zeugnis ab. Taut war sich jedoch der Gefahr rein intellektuellen Höhenfluges bewusst. So beruhigte er seine Ehefrau Hedwig, als er ihr brieflich wieder einige Gedanken seines utopischen Werkes geschildert hatte: „Und habe keine Bange, dass ich mich ganz verliere. Das ‚Praktische' kann ich immer ganz klar trennen."[4]

Praktisch wirkte Bruno Taut vor allem in Berlin als Pionier des sozialen Wohnungsbaus. Er hat wortwörtlich Farbe in die Metropole gebracht und sich auch nicht beirren lassen, als die Gartenstadt Falkenberg den spöttischen Beinamen „Kolonie Tuschkasten" erhielt. Nach seiner Zeit als Stadtbaurat in Magdeburg sollte Taut Tausende von Wohnungen in der Hauptstadt bauen. Mit der vorliegenden Dokumentation würdigt der Deutsche Werkbund Berlin eines seiner frühen Mitglieder und dessen bleibenden Beitrag zur Baukultur auf dankenswerte Weise. Die Sicherung der historischen Substanz und der verantwortungsbewusste Umgang mit ihr sind die Voraussetzung dafür, dass Tauts beste Berliner Siedlungsbauten in Zukunft in die UNESCO-Liste des Welterbes aufgenommen werden können.

Die Erinnerung an Bruno Taut, den Urgroßvater meiner Tochter Jenny, macht stets aufs Neue schmerzlich bewusst, in welchem Maße Deutschland durch die Gewaltherrschaft der Nationalsozialisten an eigenem kulturellen Reichtum verlor. Als führende Vertreter des „Neuen Bauens" emigrierten auch Erich Mendelsohn, Walter Gropius und Ludwig Mies van der Rohe. Bruno Taut fand nach der Schweiz und Japan schließlich in der Türkei mehr als bloße Zuflucht, denn Kemal Atatürk begriff die kulturelle Elite der deutschen Emigranten als willkommene Hilfe bei der Modernisierung der Türkei, die schon damals begann, sich als Teil Europas zu verstehen. In Istanbul arbeitete Taut sogleich in leitenden Positionen und errichtete unter anderem in Ankara den Bau der neuen Universität. Dass der Katafalk für den Begründer der türkischen Republik von einem Deutschen entworfen wurde, ist hierzulande leider fast völlig vergessen; es war Tauts letzter Bauauftrag vor seinem frühen Tod am Heiligabend 1938.

Bruno Taut hat für die Zukunft gedacht und gebaut. „Völker Europas, wahret Eure heiligsten Güter!" – so ängstigte sich Wilhelm II. vor dem Fremden. Taut hingegen verband Bewusstsein und Respekt für eigene Traditionen mit der Offenheit für neue Ideen und andere Kulturen. Sein Appell nach Ende des Ersten Weltkrieges war ein Bildungsauftrag: „Völker Europas! Bildet Euch die heiligen Güter – baut!" Als Meister des farbigen Bauens hat Bruno Taut den Menschen und dem Licht neue Räume geschaffen. Sein Werk ist in jeder Hinsicht bildende Kunst.

Otto Schily

Bruno Taut counts among the most impressive figures of the early 20th century who sought to bring together aesthetic and moral standards as well as vision and practical realisation. His generation was marked by the experience of the First World War, in which the enormous development of industrial forces of destruction caused millions of deaths and endless suffering. At the same time, the breakdown of Europe called forth creative reactions and revolutionary ideas. Taut wrote hopefully in the face of the self-destruction of Europe: "And if one succeeded in directing these forces into another, more beautiful channel, then the earth would really be a "good apartment."

A good apartment: this modest idyll of modern man had great significance for Taut. In the famous proclamation for colourful architecture that he signed together with Peter Behrens, Walter Gropius, Hans Poelzig and others in 1919, he wrote: "We do not want to build any more joyless houses."

People should not be expected to transform themselves in accordance with the buildings, but rather architecture should correspond to human needs. Bruno Taut was convinced of the spiritual-moral effects of architecture. His "Alpine architecture" bears witness to the striving towards a unification of aesthetics and morality in an exemplary manner. Nonetheless, Bruno Taut was well aware of the danger of purely intellectual flights of fancy, never losing sight of the "practical" aspect.

Bruno Taut was especially practical in Berlin as the pioneer of social apartment building. He literally brought colour into the metropolis and did not let himself be misled when the Garden City Falkenberg was mockingly called the "Kolonie Tuschkasten" (Ink Box Colony). The German Werkbund Berlin hereby honours, in deep gratitude, one of its early members and his lasting contribution to architectural culture with the present documentation.

The memory of Bruno Taut, the great-grandfather of my daughter Jenny, makes us painfully realize, time and again, just how much of its own cultural richness Germany lost due to the tyranny of the National Socialists. In the end, Bruno Taut found more than mere refuge in Turkey, after Switzerland and Japan; for Kemal Atatürk understood that the cultural elite of the German immigrants was a welcome help in the modernization of Turkey, which had already then begun to consider itself a part of Europe. Taut immediately worked in Istanbul in leading positions, constructing, amongst other things, the new University in Ankara and the catafalque for the founder of the Turkish Republic. It was Taut's last commission before his early death on Christmas Eve, 1938.

Bruno Taut thought and built for the future. "Peoples of Europe, defend your holiest possessions!" Thus was Wilhelm II afraid of the foreign element. Taut, on the other hand, combined consciousness of and respect for his own traditions with openness for new ideas and other cultures. His appeal after the end of the First World War was a mission to educate: "Peoples of Europe! Educate yourselves to appreciate your holiest possessions – build!". As a master of colourful architecture, Bruno Taut created new spaces for people and for light. His work is fine art – educational art – in every sense of the word.

Otto Schily

Bruno Taut und der Deutsche Werkbund

„Es lebe der 'Werk'-bund!" schrieb Bruno Taut 1919 in seiner programmatischen Schrift ‚Für den Werkbund'. Darin erläutert er den Grundgedanken des Bundes: „Werk"-bund! Es handelt sich um das Werk. Was hier unter Werk zu verstehen ist, ist oft genug klar und deutlich gesagt. Jedes Werk, das ästhetische Empfindungen auslöst, die Kultur seiner Erzeugung und zu diesem Zweck die Vereinigung aller daran Beteiligten, also Künstler und Werkler – das ist der Werkbund."1) Der Deutsche Werkbund wurde 1907 in München durch führende Architekten, bildende Künstler, Industrielle, Kaufleute und Schriftsteller aus Protest gegen Historismus und Kulturverfall im Zuge von Industrialisierung und Modernisierung gegründet. Sein Bestreben galt der humanen Gestaltung der Umwelt – von den Dingen des täglichen Gebrauchs über das Wohnen, die Stadt, das Land. Mit dem Aufruf zur künstlerischen, sittlichen und sozialen Erneuerung vertrat der Werkbund einen ethisch fundierten Qualitätsbegriff. Zudem sollten im Zusammenwirken von Kunst und Industrie zeitgemäß gestaltete Qualitätsprodukte die Konkurrenzfähigkeit auf dem Weltmarkt befördern. Zu den Gründungsmitgliedern gehörten Hermann Muthesius, Friedrich Naumann, Karl Schmidt-Hellerau, Peter Behrens und Henry van de Velde. Was diese unterschiedlichen Professionen vereinte, war das Bekenntnis zur Qualität – Lebensqualität schlechthin.

Zur Verbesserung der Lebensqualität beizutragen, war ein zentrales Anliegen Bruno Tauts, der 1910 in den Werkbund berufen wurde. Nach Kurt Junghanns verdankte Bruno Taut sein frühes Ansehen seiner künstlerischen Begabung und ethischen Berufsauffassung: „Das Bewusstsein einer hohen gesellschaftlichen Verpflichtung wurde verstärkt durch einen tiefen Glauben an die menschenbildende Macht der Kunst – darin eingeschlossen die Architektur. Dieser Glaube bildete den Kernpunkt seines Künstlertums".2) 1880 in Königsberg geboren, erinnerte sich Bruno Taut rückblickend an zwei wegweisende Entwicklungslinien: „Schon in meiner frühesten Jugend waren es diese

zwei Tendenzen, die mein Leben beeinflußten: das humanistische Gymnasium in Königsberg, dessen Schulhof von dem alten gotischen Dom, von dem alten Universitätsgebäude, in dem vor 100 Jahren Immanuel Kant gelehrt hat, und von der Grabkapelle dieses großen Philosophen umgrenzt war. An den Todestagen Kants lasen wir Jungens die uns merkwürdige goldene Inschrift darin: 'Der bestirnte Himmel über mir / Das moralische Gesetz in mir.'

Nach dem Abiturium ging ich in die praktische Lehre eines Baugeschäfts und arbeitete als Maurerlehrling bei einer Firma, die die damals modernsten Eisenbetonkonstruktionen ausführte. Sie werden von meinen frühen Arbeiten bis heute verfolgen können, wie diese beiden verschiedenen Tendenzen mich beeinflussten, in meiner Jugend auf der einen Seite bis zur Romantik, auf der anderen bis zu einigen, damals sensationellen Lösungen des Bauens in Stahl, Eisenbeton und viel Glas, auch in kräftigen Farben. In unserer Epoche muß der Architekt sich mit diesen beiden Tendenzen auseinandersetzen."3)

Prägend waren nicht nur das humanistische Gymnasium und der ethische Idealismus Immanuel Kants, sondern auch Bruno Tauts Heimatort Königsberg an der Kurischen Nehrung. Das eindrucksvolle Hinterland, faszinierende Wolkengebilde, die Farbigkeit und das atmosphärische Licht haben ihn für regional-klimatisch bedingte Licht- und Wetterverhältnisse und daraus erwachsene Bauweisen sensibilisiert. Prägend für sein Farbempfinden waren auch die Künstlerkreise der expressionistischen Maler und Schriftsteller, mit denen er eng verbunden war.

Bruno Taut glaubte, dass die Künstler einen Beitrag zu sozialer und kultureller Reform leisten können. Ausgehend von einer ganzheitlichen Betrachtungsweise und beeinflusst durch die Gartenstadtbewegung und ihre genossenschaftlichen Wohn- und Lebensformen entwickelte Bruno Taut die Vorstellung vom menschengerechten Bauen, die er in der Siedlung Falkenberg von 1913-1916 umzusetzen suchte. „Sie ist die erste farbige Siedlung Tauts und ein städtebauliches Kunstwerk" so Julius Posener. „Das Ergebnis ist etwas, das gewachsen aussieht, beinahe unwillkürlich; aber sie haben nicht vergessen, dass es das Ergebnis der künstlerischen Nachtwachen Bruno Tauts ist, das Ergebnis eines Gefühles, welches sich auf jene feinen und feinsten Kunstmittel konzentriert 'which make all the difference', wie die Engländer sagen. Das gilt für die Architektur der Häuser wie für die Außenräume in Tauts Siedlungen: in beiden Fällen wird ein wissenschaftlich richtiger – wie Taut sagt – aber schematischer Plan durch kleinste Verschiebungen und Differenzierungen mit Leben gefüllt. Wir werden die Verschiebungen, die wir im Akazienhof in Falkenberg bemerkt haben, in Tauts Siedlungen der zwanziger Jahre wiederfinden, wir finden sie immer in seinem Werk."[4] Charakteristisch für Bruno Tauts Siedlungsbauten ist die rhythmische Anordnung der Baukörper und die expressive Farbgebung. Feinsinnige Abweichungen sollten Architektur und Lebensform in Übereinstimmung bringen.

Sieben Jahre nach seiner Gründung trat der Werkbund mit einer großen Ausstellung in die Öffentlichkeit. Die Werkbundausstellung 1914 in Köln war die erste repräsentative Selbstdarstellung. Im Zusammenspiel von Kunst, Industrie und Wirtschaft sollten die neuesten Errungenschaften in Kunstgewerbe und Architektur präsentiert werden. Obwohl die Ausstellung gekennzeichnet war von Neo-Klassizismus und Pseudo-Biedermeier, haben drei Bauten dazu beigetragen, den Ruf des frühen Werkbundes als Wegbereiter der Moderne zu begründen. Julius Posener konstatierte: „In Köln gab es drei Gebäude, die sich aus dem allgemeinen nicht eben hohen Niveau heraushoben: Van de Veldes Theater, Gropius' Bürohaus und Fabrikhalle und Bruno Tauts Glashaus: dies ganz besonders."[5]

Der Gedanke des Gesamtkunstwerks, der Bruno Taut 1902 bei seinem Besuch in der Künstlerkolonie in Darmstadt anschaulich vorgeführt wurde, dürfte einen bleibenden Eindruck hinterlassen haben. Im Flugblatt zur Werkbundausstellung schrieb er: „Das Glashaus hat keinen anderen Zweck als schön zu sein. Es soll die Aufgabe eines reinen Ausstellungsbaues erfüllen und interessante Ideen in schöner Form zur Anregung

für ‚dauernde' Architektur geben, nicht solche selbst. Im Sinne des Dichters Paul Scheerbart, dem es gewidmet ist, soll es die Auflösung der in der heutigen Architektur allzu gebundenen Raumvorstellungen und die Einführung der im Glas enthaltenen Wirkungen in die Welt der Architektur anregen."[6] Bruno Tauts Glasarchitektur ist ein Bekenntnis zum technischen Fortschritt und zugleich ein Manifest zur Erneuerung der Gesellschaft. Er hatte die Vision von einem großen Bau, der keine andere Funktion haben sollte, als alle Künste, einschließlich der Musik, zu einer großartigen Raumkomposition zu verschmelzen. Der Gedanke der Synthese aller Künste zu einem großen Bau als strahlende Verkörperung der neuen Architektur sollte später in seinen utopischen Schriften und Friedensmanifesten eine künstlerische und geistige Vertiefung finden. Ein alle Kunstsparten integrierendes Gesamtkunstwerk bildete auch den Ausgangspunkt des von ihm initiierten Briefwechsels der „Gläsernen Kette".

Begleitet war die Ausstellung von einer Kontroverse, die als der „Typenstreit" in die Werkbund-Geschichte eingegangen ist. Hermann Muthesius propagierte die Typisierung und einen einheitlichen Stilausdruck im modernen Bauen, während Henry van de Velde, Karl Ernst Osthaus, August Endell, Walter Gropius und Bruno Taut für die künstlerische Freiheit eintraten, die durch keinen typisierenden Kanon eingeschränkt werden dürfe. Bruno Taut erinnerte sich an die bitteren Kämpfe in Köln, die den Werkbund am Vorabend des Ersten Weltkrieges zu zerreißen drohten: „Die Opposition war eine der Suchenden gegen das Prinzip des Typisierens, Gleichmachens, in welchem sie ihren alten Erbfeind sahen ... Immerhin es lohnte sich zu opponieren, und schon darin lag eine Anerkennung der Institution selbst." Bruno Taut glaubte an die Fortschrittskraft des Werkbundes, „denn manches neue herrliche Werk, das weit in die Zukunft greift, ist schon aus seinem Schoss hervorgegangen."[7]

Bruno Taut lehnte Dogmen entschieden ab. Er suchte seine Aufgabe in der Synthese zwischen traditionellem und modernem Bauen. Dieses Prinzip schlägt sich auch in seinem Entwurf für den Wettbewerb „Das Haus der Freundschaft in Konstantinopel", den die Deutsch-Türkische Vereinigung in Kooperation mit dem Werkbund 1916 unter Beteiligung von elf führenden Werkbundarchitekten veranstaltete, nieder. Im Rahmen eines Austauschprogramms in den Bereichen Kunst, Bildung und Wissenschaft sollte ein Gebäudekomplex für Kultur- und Bildungseinrichtungen entstehen. Zum Zwecke von Lokalstudien reiste Bruno Taut im August 1916 nach Konstantinopel. Von der islamischen Architektur und der harmonischen orientalischen Lebensweise tief beeindruckt, schrieb er in seinem Reisebericht: „ 'Konstantinopel' – ein Klang, der mit zu alledem gehört, was uns über die Härte der Realität hinaushebt und der Phantasie ein Stück von andern Welten verheißt: Licht, Glanz, Farbe, Buntheit – jeden Gegensatz zur Alltagsgrauheit. Der Orient ist die wahre Mutter Europas, und unsere schlummernde Sehnsucht geht immer dorthin."[8] Hier wird die Sehnsucht nach einem Leben in Frieden spürbar, während in Europa der Erste Weltkrieg tobte. Bruno Tauts Entwurf lehnte sich an die lokalen, klimatisch bedingten Bautraditionen an und passte sich in das alte, historische Stadtbild von Istanbul ein. Theodor Heuss, der die Wettbewerbsergebnisse kommentierte, bemerkte: „Tauts Entwurf ist der einzige, der das Kuppelmotiv verwendet. Dies kann Anlaß zu einer grundsätzlichen Erörterung geben. Ist es richtig und möglich, den Türken in einem 'deutschen' Haus dermaßen 'türkisch' zu kommen?"[9] Bruno Taut blieb seinem Grundsatz treu: an das gute Alte anknüpfen und daraus gutes Neues machen.

In der Nachkriegszeit, einer Zeit politischer und sozialer Unruhen, hofften die fortschrittlichen Werkbundkünstler auf gesellschaftliche Erneuerungen. Sie suchten nach einer Verkörperung dieser Ideen in der Architektur und beteiligten sich an radikalen Künstlerbünden wie dem „Arbeitsrat für Kunst" und der „Novembergruppe". Bruno Taut war Mitbegründer des Arbeitsrates für Kunst, wurde erster Vorsitzender und verfasste dessen Architekturprogramm, das die Vereinigung aller Künste im Bau propagierte: „Die zerrissenen Richtungen können sich nur zur Einheit zusammenfinden unter den Flügeln einer neuen Baukunst, so, daß jede einzelne Disziplin mitbauen wird. Dann gibt es keine Grenze zwischen Kunstgewerbe und Plastik oder Malerei, alles ist eins: Bauen. Unmittelbarer Träger der geistigen Kräfte, Gestalter der Empfindungen der Gesamtheit, die heute schlummern und morgen erwachen, ist der Bau. Erst die vollständige Revolution im Geistigen wird diesen Bau schaffen. Aber nicht von selbst kommt diese Revolution, nicht dieser Bau. Beide müssen gewollt werden – die heutigen Architekten müssen den Bau vorbereiten."[10]

1919 fanden die ersten Vorstandswahlen des Werkbundes nach Kriegsende statt. Gewählt wurden Otto Bartning, Walter Gropius, Bruno Taut und der Maler César Klein als Vertreter des jungen Flügels, daneben Bernhard Pankok, Karl Ernst Osthaus und Hans Poelzig, der den Vorsitz übernahm. Theodor Heuss war seit 1918 in der Geschäftsstelle tätig und gehörte dem Vorstand bis 1933 an. Der Werkbund veröffentlichte das erste „Manifest des Arbeitsrates für Kunst" und Bruno Tauts radikales „Architektur-Programm" in seinen DWB-Mitteilungen 1918/4. Auch wurde das erste „Bauhaus-Manifest" von Walter Gropius an die Mitglieder verteilt, DWB-Mitteilungen 1919/1. Der Werkbund unterstützte das Bauhaus und trug wesentlich zu seiner Gründung bei. Zudem bemühte er sich um kulturpolitische Reformen und begründete ein neues Reichsamt für Kultur, den Reichskunstwart. Die Wohnungsfrage war ein wesentliches Element der Sozialpolitik in der Weimarer Republik. Bruno Taut wurde 1921 zum Stadtbaurat von Magdeburg berufen und war von 1924 bis 1932 in Berlin Chefarchitekt der GEHAG. In der produktivsten Phase seines Wirkens setzte er architektonische und städtebauliche Maßstäbe.

Mit der internationalen Bauausstellung „Die Wohnung" 1927 in Stuttgart dokumentierte der Werkbund seine Führungsrolle als Förderer moderner Achitektur und Produktgestaltung. Die künstlerische Leitung der Weißenhofsiedlung hatte Ludwig Mies van der Rohe. Er wurde 1924 in den Werkbund-Vorstand gewählt und übernahm 1926 den 2. Vorsitz. Zuvor war er Mitbegründer der Architektenvereinigung „Der Ring". Unter Anwendung neuer Baumaterialien und kostensparender Verfahren präsentierte die Bauausstellung die jüngsten technischen, hygienischen und ästhetischen Innovationen im Wohnungsbau und vollzog die Abkehr von vorindustriell geprägten Wohnformen. Beteiligte Architekten waren u.a. Victor Bourgeois, Le Corbusier, J.J. P. Oud, Mart Stam, Peter Behrens, Walter Gropius, Ludwig Mies van der Rohe, Hans Poelzig, Hans Scharoun,

Max und Bruno Taut. Die Weissenhofsiedlung zählt zu den bedeutendsten Zeugnissen des „Neuen Bauens". Keine nachfolgende Werkbundausstellung erreichte eine ähnliche Ausstrahlungskraft. Noch einmal trat der Werkbund mit der Bauausstellung „Wohnung und Werkraum" 1929 in Breslau hervor, doch schon überschattet von Weltwirtschaftskrise und aufbrechendem Nationalsozialimus. Das für 1932 geplante, zukunftsweisende Ausstellungsprojekt „Die neue Zeit" konnte nicht mehr realisiert werden. Der Werkbund wurde 1934 von den neuen Machthabern aufgelöst.

Bruno Taut emigrierte 1933. Als „Kulturbolschewist" stigmatisiert und von der nationalsozialistischen Justiz verfolgt, flüchtete er über die Schweiz nach Japan und in die Türkei. In Japan verfasste Bruno Taut, fasziniert von der einfachen Schönheit des berühmten Katsura-Palastes in Kyoto, seine „Architekturlehre", in deren Mittelpunkt die Proportion als das entscheidende Ausdrucksmittel der Architektur und des Städtebaus stand. 1936 folgte er dem Ruf an die Akademie der Künste in Istanbul. Das Wort „Haymatloz" stempelten türkische Beamte in den Pass des Pazifisten Bruno Taut, der, wie viele andere deutsche Intellektuelle, Aufnahme in der Türkei fand. Als Leiter der Bauabteilung des türkischen Unterrichtsministeriums war es ihm vergönnt, eine umfangreiche Bautätigkeit zu beginnen und die alte handwerkliche und klimatisch bedingte Bautradition mit neuen Gestaltungsideen weiterzuentwickeln. Bruno Taut ist 1938 in Istanbul gestorben.

In Berlin hat Bruno Taut ein umfangreiches kulturelles Erbe hinterlassen. In der Auseinandersetzung um die Architektur der Moderne und deren Bewahrung und Erhaltung hat der Berliner Werkbund ein zentrales Arbeitsfeld gefunden. Seit den 1970er Jahren hat er in zahlreichen Aktionen Abrissprogrammen entgegengewirkt und gefährdete Bauten geschützt. Die Berliner Redaktion der Werkbund-Zeitung „werkundzeit" widmete 1977 ihr erstes Heft Bruno Tauts Waldsiedlung „Onkel Toms Hütte": „Dieses Wohnquartier, seit der Errichtung viel besucht und beschrieben, ist heute eine Erbschaft, als Heimat der Bewohner, als Besitztum einer ganzen Stadt, als Gegenstand der Kunstbetrachtung und Denkmalspflege, als politisches Manifest, letztlich als gebaute Ideengeschichte dieser Zeit."[11] Die Werkbund-Galerie zeigte 2000 die Ausstellung „Die Tuschkastensiedlung von Bruno Taut", die die denkmalgerechte Sanierung der Gartenstadt Falkenberg durch den Architekten Winfried Brenne zum Thema hatte. Unvergessen bleiben Julius Poseners Führungen durch die Onkel-Tom-Siedlung in Zehlendorf. Auf einzigartige Weise hat er Freunden, Kollegen und Studenten das Taut'sche „Werk" nähergebracht. Immer wieder begeistert und erfreut, Neues entdeckend, und nicht selten bewundernd ausrufend: „Es lebe Bruno Taut".

Angelika Günter

Bruno Taut and the German Werkbund

"Long live the 'German Werkbund!' wrote Bruno Taut in 1919 in his programmatic article "For the German Werkbund." In it he elucidated the basic ideas of the Alliance: "'German Werkbund!' The point is the work. What work means here has been said clearly often enough. Each work that sets off aesthetic feelings, the culture of its production and, towards this goal, the union of all those involved – artists and workmen – that is the German Werkbund."

The German Werkbund was founded in Munich in 1907 by leading plastic and graphic artists, industrials, salesmen and writers as a protest against historicism and cultural decay resulting from industrialisation and modernisation. Its efforts were aimed towards the humane formation of the environment – ranging from objects of daily use to living quarters, the city and country. With its call for artistic, ethical and social renewal, the German Werkbund represented an ethically founded concept of quality. Amongst the founding members were Hermann Muthesius, Friedrich Naumann, Karl Schmidt-Hellerau, Peter Behrens and Henry van de Velde. Bruno Taut was called into the German Werkbund in 1910. He strove to improve the quality of living – a common endeavour which united all these different professions.

Bruno Taut expressly named the humanistic Gymnasium (high school) and the ethical idealism of Immanuel Kant as decisive in his development. His home town, Königsberg in the Curonian Spit, made him sensitive towards regional-climatic light conditions and weather influences, as well as the buildings growing out of these conditions. The artistic circle of expressionist painters and writers also strongly influenced his feeling for colour.

Taut believed that artists could contribute towards social and cultural reform. Originating in a holistic approach and influenced by the garden-city movement and its co-operative ways of living, he developed the concept of buildings worthy of human beings. The main characteristic of his housing developments is the rhythmical arrangement of the main bodies of the buildings and an accentuation of this through brick bands and expressive colours. Subtle deviations lend his buildings a creative aesthetic, bringing architecture and ways of living into harmony with each other.

The German Werkbund Exhibition in Cologne in 1914 was the first representative self-presentation of the German Werkbund before the First World War. The latest achievements in applied art and architecture were presented as an interplay between art, industry and economics. Although the exhibition was marked by neo-classicism and pseudo-Biedermeier, three buildings contributed to the German Werkbund's reputation as a trail-blazer of modernism: Van de Veldes Theatre, Gropius's Office Building and Factory Hall, and Bruno Taut's "Glashaus" (Glass House).

The "Glashaus" is a testimony to technical progress and simultaneously a manifesto to the renewal of society. Bruno Taut had the vision of a large building that had no other function except to fuse all arts into a magnificent spatial composition. This concept was to be more thoroughly developed later on, both artistically and spiritually, in his utopian writings and peace manifestos.

The exhibition was accompanied by a controversy that has gone down in the history of the German Werkbund as the "Typenstreit" (standardization dispute.) Hermann Muthesius propagated standardization and a unified stylistic expression in modern buildings, whereby Henry van de Velde, Karl Ernst Osthaus, August Endell, Walter Gropius and Bruno Taut spoke out in favour of absolute artistic freedom. Taut found his task in the synthesis of traditional and modern architecture.

After the end of the war, the German Werkbund artists hoped for a renewal of society; they searched for an embodiment of these ideas in architecture and participated in radical artists' associations such as the "Arbeitsrat für Kunst" (Workers' Council for Art) and the "Novembergruppe" (November Group). Bruno Taut was a co-founder of the "Arbeitsrat für Kunst", became its first chairman and formulated its architectural programme propagating the union of all arts into architecture.

In 1919 the first board elections of the German Werkbund after the War took place; Bruno Taut was one of those elected. The German Werkbund published the first "Manifest des Arbeitsrats für Kunst" (Manifesto of the Workers' Council for Art) and Taut's radical "Architektur-Programm" (Architecture Programme). The first "Bauhaus-Manifest" (Bauhaus Manifesto) was distributed among the members by Walter Gropius, also in 1919, and found wide support in the German Werkbund circle. Moreover, the German Werkbund concerned itself with cultural-political reform and founded a new imperial bureau for culture, the "Reichskunstwart" (Imperial Artistic Maintenance Bureau). The creation of the office of the "Reichskunstwart" and the founding of the Bauhaus in Weimar were the most important achievements of the German Werkbund during the post-war period.

In 1921 he was named "Stadtbaurat" (Municipal Architecture Councillor) of Magdeburg. From 1924 to 1931 he was chief architect of the GEHAG in Berlin. In the most productive phase of his life, he was able to realize architectonic and town-planning reforms, attaining highest achievements in social mass apartment buildings through his untiring imagination.

In 1927 the German Werkbund was once again able to furnish evidence for its pioneering role as a trail-blazer of modern architecture and product creation. The German Werkbund Exhibition "Die Wohnung" (Housing Development) at Weißenhof in Stuttgart embodied the social, aesthetic and technical upheavals of the First World War and belonged to the most important testimonies of the "Neues Bauen" (New Architecture). No subsequent German Werkbund Exhibition achieved a comparable international impact. In 1934, the German Werkbund was dissolved by the new dictators.

In 1933 he left his homeland for ever. Stigmatised as a "cultural Bolshevist" and persecuted by the National Socialist authorities, Bruno Taut fled the country, emigrating permanently.

Bruno Taut lived in Japan from 1933 until 1936. In numerous publications there, he elaborated upon truly Japanese qualities, promoting the development of an indigenous Japanese architecture. In 1936 he was called upon to teach at the Academy of the Arts in Istanbul. As director of the architectural department of the Turkish Ministry of Education, he had the privilege of beginning extensive building activity and further developing architectural culture with new creative ideas. Taut never saw any of his buildings realized in Turkey; he died in Istanbul in 1938.

Bruno Taut was one of those who laid the foundations of modern town planning and architecture; he left an extensive cultural legacy in Berlin. In coming to terms with the architecture of modernism, the Berlin German Werkbund found a central area of activity. Since the 1970s, it has committed itself to numerous movements for the protection and maintenance of this architectural legacy. The Berlin editorial staff of the German Werkbund newspaper "werkundzeit" dedicated its first issue in 1977 to his housing development "Onkel Toms Hütte".

In May 2000 the Berlin German Werkbund Gallery opened the exhibition "Die Tuschkastensiedlung von Bruno Taut" ("The Ink Box Housing-Estate of Bruno Taut"). Its theme was the renovation, worthy of monuments, of the Garden City Falkenberg by the architect Winfried Brenne. Julius Posener's guided tours through the "Onkel Toms Hütte" development in Zehlendorf were unforgettable. He brought together friends, colleagues and students of Taut's "Work" in a unique way. He was always enthusiastic and cheerful, always discovering new things and not infrequently calling out, with admiration, "Long live Bruno Taut!"

Angelika Günter

Licht und Farbe bei Bruno Taut
Light and Colour in the Work of Bruno Taut

Alpine Architektur Bl. 28;
Die Kugeln! Die Kreise! Die Räder!

Die Entwicklungen in Politik, Naturwissenschaft und Technik um 1900 sprengten ein überkommenes Weltbild und beförderten die Neuorientierung in allen Bereichen. Im Zuge imperialer Gesten hatten sich die Kenntnisse außereuropäischer Kulturen erweitert und der Einfluss ihrer künstlerischen, religiösen und philosophischen Beiträge wuchs. In Kunst und Architektur wurden diese Einflüsse im Sinne einer neuen, alte Gattungen negierenden Ästhetik sichtbar. Man öffnete sich Themen der Philosophie Nietzsches, Einsteins Physik, Freuds Psychoanalyse und gesellschaftspolitischen Theorien. Die Farbe als elementares Sinneserlebnis prägte die Malerei, Komponisten wie Skrjabin und Schönberg experimentierten mit „Farblichtmusik", die Wirkung von Farbe und Licht auf die menschliche Psyche wurde erkannt und die Suche nach kosmischen Bezügen schlug sich in neuer Farbsymbolik nieder.

In dieser Umbruchzeit suchte der junge Bruno Taut nach Orientierung, Vorbildern, Leitideen und künstlerischen Lösungen. In den ersten Berufsjahren quälten ihn Zweifel, ob er als Maler oder als Architekt seine Zukunft suchen solle. Es war weniger der Gedanke einer Doppelbegabung, die von Malerarchitekten wie Peter Behrens und Henry van de Velde verkörpert wurde, sondern es waren farbige Raumkompositionen und farbige Bauten, die Taut begeisterten und die er realisieren wollte. Dem zerbröckelnden

Weltbild wollte er eine Synthese gegenüberstellen, ein Modell der Harmonie im Zusammenwirken aller Künste zum Wohle der Gesellschaft.

Das mystische Erlebnis des farbigen Lichtspiels in den gotischen Kathedralen bildet den Grund, auf dem seine verklärten Gedankengebäude und kosmischen Utopien wuchsen. Eine kongeniale Auffassung fand er weder im Berliner Büro von Bruno Möhring (1903) noch in Stuttgart bei Theodor Fischer (1904-1908), jedoch konnte er dort gemeinsam mit dem Maler Franz Adolf Mutzenbecher 1906 seine erste Farbarchitektur realisieren: die noch am Volkstümlichen ausgerichtete Inneneinrichtung, Restaurierung und Ausmalung der Dorfkirche im schwäbischen Unterriexingen. Die mit Mutzenbecher begonnene Zusammenarbeit fand bei verschiedenen Projekten in Farbgestaltung und Ausmalung ihre praktische Fortsetzung, so bei den Industriepavillons in Leipzig (1913) und Köln (1914) sowie bei dem Ledigenheim der Siedlung Lindenhof in Berlin Schöneberg von Martin Wagner (1920/ kriegszerstört). Wettbewerbe und städtische Bauten zeigen Tauts Bemühen, sich von den Bindungen an die Konvention zu lösen und einen inhaltlichen Neubeginn für den Städtebau und die Architektur des Wohnens zu suchen. Er griff die Idee der Gartenstadt auf, nicht im Sinne von Muthesius als großbürgerlichen Villenvorort, sondern als Siedlung der Baugenossenschaften im Wechsel von Einzel-, Doppel- und Reihenhäusern im grünen Erweiterungsgebiet der Großstadt. Ausgehend von der einstigen Farbigkeit mittelalterlicher Städte und dem Erlebnis ländlicher Farbenfreude hatte Taut auch bei seinen innerstädtischen Bauten bereits den Kanon reduzierter Materialfarbigkeit verlassen und mit farbigem Putz und glasierten Platten Akzente gesetzt.

Mit der Berliner Siedlung „Am Falkenberg" in Grünau (1913-1916) und dem ersten Bauabschnitt der Gartenstadtsiedlung „Reform" in Magdeburg konnte er zeitgleich die Bedeutung der Farbe als konstituierendes Gestaltungselement demonstrieren.

Für die Gemeinnützige Baugenossenschaft Gartenvorstadt Groß-Berlin entwickelte Bruno Taut den Bebauungsplan für ein 70 Hektar großes bewegtes Gelände. Die Gliederung mit Gärten und öffentlichen Räumen und die Häuser mit Grundrissen für unterschiedliche Bedürfnisse und Haushaltsformen hatten eine soziale Durchmischung und klassenlose Solidargemeinschaft zum Ziel. Der Plan, der nur in Teilen umgesetzt wurde, war begleitet von einer detaillierten Gestaltungssatzung. Der Farbe sollten nicht nur raumbildende und ästhetische, sondern auch soziale Funktionen zukommen. War der 1. Bauabschnitt um den Akazienhof noch durch zurückhaltende Farbigkeit in grau, grün und ockergelb geprägt, wurden beim 2. Bauabschnitt die kräftigen Farben eingesetzt, die zum populären Namen „Tuschkastensiedlung" Anlass gaben. Zu den Grundfarben des Putzes traten Elemente wie Fensterfaschen, Klappläden, Traufgesimse, Haustüren und Kamine in jeweils belebenden Akzentfarben. Diese Pioniertat erscheint mit der durch die Restaurierung wiedergewonnenen Farbigkeit als bis heute erfrischendes und prägnantes Schlüsselwerk.

Zum Schlüsselerlebnis des farbigen und von farbigem Licht erfüllten Raumes ist Bruno Taut zweifellos sein eigenes Glashaus auf der Kölner Werkbund-Ausstellung von 1914 geworden. Der Wille, einen Pavillon der Glaskunst und Glasindustrie zu realisieren, war so stark, dass Bruno Taut das Projekt gemeinsam mit Franz Hoffmann in Eigeninitiative und ohne Aufforderung durch die Ausstellungsleitung entwickelte und errichtete. Niemand konnte damals ahnen, dass von diesem kleinen Bauwerk, das nach kurzer Besichtigungszeit der Zerstörung preisgegeben wurde, die nachhaltigste Faszination und die stärksten Impulse ausgehen würden. Inzwischen hat es einen unbestrittenen Platz in der Geschichte der modernen Architektur.

Inspiriert von dem Dichter Paul Scheerbart und seiner ‚Glasarchitektur' entstand Tauts Entwurf, der zwar anknüpft an die vorangegangenen Industriepavillons, hier jedoch die Ebene der Produktpräsentation verlässt und abhebt in die gläserne Welt reiner Schönheit und der überwältigenden Möglichkeiten des Lichts und der Farben. Eine Netzkuppel aus Eisenbeton, deren rhombische Felder zweischalig mit Glas ausgefüllt wurden, erhob sich über einem von Stützen

getragenen Ring, genauer einem 14-seitigen Polygon, über einem geschweiften, glockenförmigen Betonsockel. Eine Freitreppe führte in einen offenen Vorraum und Glas-Eisentreppen aus Luxfer-Prismen in den lichterfüllten kristallinen Kuppelraum; innen liegende Treppen führten in den unteren ‚Ornamentraum' mit seinen Glasbildern und der Wasserkaskade. Eine Deckenöffnung erlaubte Durchblicke aus der unteren Welt des Lebensquells und der farbigen Brechungen und Spiegelungen im Wasser hinauf zur Kuppel, die sich beginnend mit Tiefblau und Moosgrün über Goldgelb in strahlendes Weißgelb und pures Leuchten auflöste. Das Licht- und Raumerlebnis, das noch durch Kaleidoskop-Projektionen verstärkt wurde, hat die Besucher entzückt und bezaubert. Die Exponate soll man beinahe vergessen haben, so hinreißend war der Eindruck des „Ganzen". Die Wurzeln der Bezauberung vom Transzendentellen, Immateriellen des Glases, von der Mystik und den Märchen und Mythen bis zur Baugeschichte der Gewächshäuser und Ausstellungshallen seit Paxton und den Leichtkonstruktionen und viele weitere Aspekte sind hinterfragt und ausgeleuchtet worden, bis hin zu den faszinierenden Simulationen, die das Werkbund-Archiv auf der Grundlage seiner Modellrekonstruktion gemacht hat.[1]

Die Folgen für die weitere Entwicklung der Architektur im ‚Glashausfieber' basieren gleichermaßen auf dem Einfluss Paul Scheerbarts, dem Bruno Taut seinen Glaspavillon gewidmet hatte und der seinerseits

Glashaus Modellrekonstruktion

die vielzitierten Werbesprüche beigesteuert
hatte, die den Stützkranz der Kuppel außen
zierten: 'Das Licht will durch das ganze All –
und ist lebendig im Kristall.' – ‚Wer die Farbe flieht, nichts vom Weltall sieht'. Über dem
Eingang konnte man lesen: ‚Das bunte Glas
zerstört den Haß.'

Der phantastische Pazifismus der beiden
Freunde wurde durch die Kriegserklärung
vom August 1914 mit einer Realität konfron-
tiert, die Paul Scheerbart in den selbstge-
wählten Hungertod trieb und die Bruno Taut
überlebte durch die Kraft der Phantasie und
die Zuflucht, die er in den selbstgeschaffe-
nen virtuellen Welten suchte. ‚Die Stadtkrone' (1917) legt im Sinne eines Idealstadtent-
wurfes den Grund für spätere Manifeste. Die
‚Alpine Architektur' (1918 / veröffentlicht
1920) fordert die Völker Europas zu gemeinsamer schöpferischer Leistung auf, führt die
Menschen von den Tälern in die Berge zu
kristallinen Strukturen in gigantischer Alpen-
welt und zeigt schließlich den 'Domstern',
der alle Erdenschwere überwunden und alle
Menschen hinter sich gelassen hat und als
leuchtendes kosmisches Ereignis mit den
Sternen und Sternennebeln im Weltraum
kreist. Das letzte Blatt ‚Sterne, Welten,
Schlaf, Tod, DAS GROSSE NICHTS, DAS NA-
MENLOSE', entlässt uns auf ein weites Feld
spekulativer Deutung zwischen Nihilismus
und Geistwerdung."[2]

Nach Kriegsende engagierte sich Bruno
Taut im Arbeitsrat für Kunst, führte Gleich-
gesinnte, Architekten und Künstler in den
‚Frühlicht'-Veröffentlichungen zu Aktionsge-
meinschaften zusammen.

Im 1919 erstmals in der Bauwelt veröf-
fentlichten „Aufruf zum farbigen Bauen" mit
dem Obertitel „Der Regenbogen" schreibt
Taut: „Die vergangenen Jahrzehnte haben
durch ihre rein technische und wissen-
schaftliche Betonung die optische Sinnen-
freude getötet. Grau in graue Steinkästen
traten an die Stelle farbiger und bemalter
Häuser. Die durch Jahrhunderte gepflegte
Tradition der Farbe versank in dem Begriff
‚Vornehmheit' ... Das Publikum hat heute
Angst vor dem farbigen Haus ... Wir Unter-
zeichneten bekennen uns zur farbigen Architektur. Wir wollen keine farblosen Häuser
mehr bauen und erbaut sehen und wollen
durch dieses geschlossene Bekenntnis dem
Bauherrn, dem Siedler, wieder Mut zur Farbenfreude am Innern und Äußern des Hau-

ses geben ... Farbe ist Lebensfreude, und
weil sie mit geringen Mitteln zu geben ist,
deshalb müssen wir gerade in der Zeit der
heutigen Not bei allen Bauten, die nun einmal aufgeführt werden müssen, auf sie dringen ... Nicht allein die grüne Sommerland-
schaft, sondern gerade die Schneeland-
schaft des Winters verlangt dringend nach
der Farbe. An Stelle des schmutzig-grauen
Hauses trete endlich wieder das blaue, rote,
gelbe, grüne, schwarze, weiße Haus in un-
gebrochen leuchtender Tönung."[3]

Eine erstaunlich große Zahl Gleichgesinn-
ter, unter denen sich nicht nur die führenden
Werkbund-Architekten wie Behrens, Poelzig,
Gropius, Scharoun finden, sondern Publizi-
sten, Leiter von Kunstgewerbeschulen, Mä-
zene, Stadtbauräte und Geschäftsführer von
Baugenossenschaften und Gesellschaften
für Kleinwohnungen, unterzeichnete den
Aufruf. Ein breites Aktionsbündnis gab es also für Tauts Anliegen und im Sinne neuer Lösungen der Wohnungsfrage, die zur drän-
genden sozialen Frage der Großstadt Berlin
wie anderer Großstädte geworden war.

Während seiner Amtszeit in Magdeburg
(1921-1924) wollte Taut die Idee der farbigen
Stadt auch im historischen Kontext umset-
zen. Farbe als Symbol für Lebensfreude und
Schönheit sollte einen Imagewandel im Sinne sozialdemokratischen Fortschritts bewirken, grauer Städte Mauern verwandeln. Dies
schloss die Absage an historisierende Tendenzen konservativer Ausrichtung ein. Radi-
kaler als Bruno Taut selbst überformte der
von ihm eingeführte Malerarchitekt Carl
Krayl Altbauten mit expressionistischen und
konstruktivistischen Gestaltungen. Farbige
Reklame im großen Maßstab wurde als
bahnbrechendes Element auf dem Weg zur
farbigen Stadt begrüßt. Konflikte konnten
nicht ausbleiben und veranlassten Taut
schließlich zur Kündigung.

Die Poelzig zugeschriebene Bemerkung,
Architektur sei zwar gefrorene Musik, „aber
bei Taut da taut's" oder „in Magdeburg da
TAUT's", würdigt ihn als den, der erstarrte
Verhältnisse in Bewegung zu bringen ver-
mag, – und dessen Tauwetter den Beginn eines neuen Frühlings ankündigt.

Den Spannungsbogen zwischen Wirklich-
keit und Utopie, zwischen realer Existenz
und idealistischem Antrieb finden wir in
Tauts Schriften, Manifesten und Visionen.
Paul Scheerbarts Gedankenwelt und seine

unerschöpflichen Phantasien der Licht- und Glasarchitektur hatten nicht nur den engen Freund Bruno Taut, sondern die gesamte Avantgarde beflügelt. Wesentlich pragmatischer klingt die Unterstützung, die Adolf Behne im „Ruf zum Bauen" im Arbeitsrat für Kunst 1920 formuliert: „Nur vom Großen, nur vom Ganzen her kann das Kleine leben, sonst wird es kleinlich. Vom Einzelnen kommen wir nie zum Ganzen, aber das Ganze umfasst das Einzelne. Das Ganze ist das Ziel unserer Arbeit. Unsere Luftschlösser sind zähere Arbeit als das eilige Tageswerk."[4]

In den „Frühlicht"-Schriften, die 1921–1923 von Taut herausgegeben werden, finden die Desiderate einer neuen Weltordnung ihren Niederschlag, und im utopischen Entwurf für das „Haus des Himmels" (1919) knüpft Taut an sein verlorenes Glashaus von 1914 an, dessen Materialität und Konstruktion er aufgreift. Er preist das Spiel des Lichts, den von sprühender und funkelnder Sonne entzündeten Glanz der Farben und die märchenhaften Klänge von Mond und Sternen, die durch das bunte Glas dringen. Die Säulen des Leids und des Gebets zeigen die Verschmelzung außereuropäischer und mittelalterlicher Kunstformen. Das „Glück der Baukunst" wird den Besucher erfüllen und läutern in einem Haus, „das nichts anderes als schön sein soll". Der Hinweis auf den 3. Satz in Bruckners IX. Sinfonie stellt die Verbindung zur Tonkunst her und lässt den Anspruch der Baukunst aufscheinen, ebenso frei von Zweckbindung zu sein. Eine neue Spiritualität anstelle traditioneller Religionsbindung, der Freiheit der Künste adäquat, wird angesprochen.[5]

Fast scheint sich bei Taut der Anspruch von Nietzsches Übermenschen in einer verklärten Führungsrolle des Architekten zu verankern. Hypertrophie und Fortschrittsgläubigkeit im kaiserlichen Deutschland erleben eine Umwertung und überlagern sich in seinen visionären Phantasien mit den vielfältigen Aufrufen und Aufbruchsbestrebungen seiner Zeit im Sinne eines sozialen, religiösen, künstlerischen, politischen und wirtschaftlichen Neubeginns.

Das Prinzip Verantwortung und Kants kategorischer Imperativ waren für Bruno Taut seit der Kindheit in Königsberg prägend. Der „Tempel der Vernunft", von denen die Aufklärung träumte, reichten ihm nicht, sie bedurften der Ergänzung durch das Spektrum der Gefühlswelt, um einem ganzheitlichen Menschenbild gerecht zu werden.

Erstaunlich ist, wie sich die treibenden Kräfte der Zeit aus ihrer destruktiven Rolle in Krieg und Vernichtung bei Taut einem positiven, pazifistischen Weltbild anverwandeln lassen. Im Vertrauen auf die große solidarische Kraft, die eine verbündete Menschheit entfalten könnte, entwickelt er seine visionären Bilder und Entwürfe für die verantwortlich handelnde, von edlen Bestrebungen geleitete und zu tiefen Einsichten und großen Gefühlen fähige Weltgemeinschaft.

Wenn Adolf Behne im „Ruf zum Bauen" formulierte: „Das Ganze ist das Ziel unserer Arbeit", dann hieß das für Bruno Taut, dass der Umbau der gesamten Gesellschaft und der bei den Bedürfnissen des einzelnen Menschen beginnende Neuaufbau Form annehmen konnte in seinen Projektionen und Projekten, in phantastischen Bildern und realistischen Entwürfen. Eine Gesellschaft, die nicht durch große einende Projekte, durch Ideen für die Gemeinschaft gekrönt wäre, war für ihn nicht vorstellbar. Über Stadt und Utopie kann seither nicht mehr gesprochen werden, ohne Bruno Taut zu erwähnen.

Als Chefarchitekt der GEHAG, der neu gebildeten progressiven Wohnungsbauorganisation der Gewerkschaften, kehrte Bruno Taut 1924 nach Berlin zurück. Die Stabilisierung der Währung war gelungen, und nun eröffneten sich große Gestaltungsmöglichkeiten und eine fruchtbare Bautätigkeit. Im Zeitraum von nur zehn Jahren konnte Bruno Taut mehr als 10.000 Wohnungen bauen. Unterstützt von Martin Wagner entwickelte er seine Stadtbaukunst und leistete im Bau kleiner zweckmäßiger Typenwohnungen praktische und ästhetische Pionierarbeit. Seine Arbeit orientierte sich stets am Menschen und seinen Bedürfnissen. In der Nachfolge des Reformwohnungsbaus vermittelten seine Wohnanlagen neue Bilder vom gesunden, glücklichen, naturverbundenen Wohnen im Kontrast zum Berliner Mietskasernenelend gründerzeitlicher Proletarierviertel. Besonders die Großsiedlung Britz, die ‚Hufeisensiedlung' (1925-1930), mit der Farbprogrammatik des weißen Hufeisens und der ‚Roten Front' der anschließenden langen Zeilenbebauung, die Waldsiedlung Zehlendorf ‚Onkel Toms Hütte' (1926-1931 mit Häring und Salvisberg) mit ihrer sorgfältigen Farbplanung und die

Wohnstadt ‚Carl Legien' in Prenzlauer Berg (1928-1930) als kompakte großstädtische Anlage mit eigener Infrastruktur und raumbildendem Farbeinsatz erregten weltweit Aufmerksamkeit. Der Ansatz einer Emanzipation durch Architektur war Traditionalisten und Reaktionären suspekt und führte schon bald zur Verfolgung durch die Nationalsozialisten.

Weiterhin war alle Arbeit begleitet von einer reichen publizistischen Tätigkeit, die helfen sollte, Widerstände gegen das NEUE BAUEN zu überwinden. ‚Die neue Wohnung' ist eine den Frauen gewidmete Schrift, die in Wort und Bild vorführt, wie man Wohnung – und Hausfrau – radikal befreit von Staubfängern, Gartenlauben-Kitsch und Firlefanz und schließlich aus dem Erlös der kalten Pracht die Mittel gewinnt für die großflächige Farbgestaltung von Decken und Wänden als Elemente des Raumes in neuer Einheit. Zum Wohnungsideal fasst er zusammen: „Es muß ein Organismus erreicht werden, der die absolut korrespondierende Hülle des heutigen Menschen in seinen fruchtbaren Eigenschaften ist, sie ist also darin der Kleidung verwandt, sozusagen ihre Erweiterung. Die Fruchtbarkeit des Menschen, sein Schöpfertum, nicht bloß des Einzelnen, sondern gerade auch der Gesamtheit, liegt wie immer in der Umgestaltung der Dinge. Für diese Umgestaltung ... sind sichtbare Zeichen ... die Schöpfungen der Industrie. Sie haben unser heutiges Leben umgebildet und werden auch die Wohnung umbilden.' Die Vorschläge für die freiwerdende Schöpferkraft der Frau bei der Heimgestaltung und Selbstentfaltung entbehren aus heutiger Sicht nicht der Komik, enthalten vielleicht auch leise Ironie, wenn es am Ende heißt: „Der Architekt denkt, die Hausfrau lenkt."[6]

Jede Gelegenheit nutzte Bruno Taut seine Architektur, seine Erkenntnisse im Umgang mit Grundrissfragen, Licht und Farbe, Technik und Material publik zu machen. So wurde ihm auch das eigene Haus in Dahlewitz, das ‚Tortenstück', zum Exempel, das er 1927 in dem (von Johannes Molzahn vorzüglich gestalteten) Buch ‚EIN WOHNHAUS' vorführte.[7] Er analysierte die Hausform als Kristallisation der atmosphärischen Bedingungen und das Ganze in einer Detailgenauigkeit, die bis zur beigefügten Farbkarte reichte und Betrachtungen der Sonnenwärme und Sonnenreflexe der schneeweißen

Westseite und schwarzen Ostseite enthielt. Ein Übermaß an penibler Grundsätzlichkeit wird diesem kleinen Bauwerk zugemutet, es wird überinterpretiert. Auch hier verteidigt er das menschliche Maß gegen jedes formale Dogma, gegen moderne Formlitanei.

Die Ablehnung aller Dogmen gehört zu den bemerkenswerten Überzeugungen Tauts, der immer auf der Suche bleibt nach der Balance von rationalen und emotionalen Elementen, nach der Synthese humaner, funktionaler und konstruktiver Aspekte. Er verteidigt die Ästhetik gegen banalen Rationalismus, den grüblerischen Individualisten gegen den zeitgemäßen strammforschen Typ. Er weicht der Schematisierung aus durch sensible künstlerische Eingriffe, lehnt die Normen und Regelwerke einer übertriebenen Typisierung ab und sieht die Sackgassen der Ideologien und formalen Moden. Man könnte auch sagen, dass er überall Kritik anmeldete, auch bei Gropius und Haesler, Häring und Mendelsohn. Der Gedankenaustausch, den er um1920 mit den Freunden der ‚gläsernen Kette' pflegte, offenbart schon in seinem Code-Namen ‚Glas' Fragilität. Die großen Schöpferkräfte, die er den Menschen und der Menschheit zusprach, gingen einher mit ebenso großen Erwartungen, die er an jeden einzelnen wie an sich selbst richtete.

In den großen Berliner Planungs- und Bauaufgaben, die nicht nur erdacht sondern realisiert wurden, finden wir oft als ‚kleine Stadtkrone' der Siedlung einen Ort für das gemeinschaftliche Leben und die Volksbildung, so als ‚Volksfesthaus' (1924 / nicht realisiert) für die Gartenstadt ‚Am Falkenberg' oder als große Schulanlage für die Hufeisensiedlung in Britz (später teilweise von Bonatz realisiert). Schließlich wird mit dem mit Fritz Karsen entwickelten großen Reformprojekt für die ‚Gemeinschaftsschule am Dammweg' in Neukölln die Wohnsiedlung förmlich zum ‚Rahmen', zur einfassenden, schützenden Begleitung für ein gewaltiges, freie Entfaltung verheißendes Schulgelände.

Leider muss man feststellen, dass ‚das Ganze', um das es Taut ging, häufig nur torsohaft realisiert werden konnte. Aber selbst die als Testbau erstellte und jüngst rekonstruierte Probeklasse am Dammweg ist bis heute ein Beispiel für den sorgfältigen, begründeten Umgang mit Farben, Materialien, Seiten- und Himmelslicht mit Blick auf verschiedene Lernformen – ein Maßstäbe setzender kleiner ‚Musterbau'.

Bruno Tauts emphatische Proklamationen und glühende Visionen führen uns das Ausmaß heutiger Ernüchterung am Ende der Utopien vor Augen. Aber am Kern der von ihm formulierten Aufgabe gibt es keine Zweifel: das friedliche Zusammenleben der Menschen und die Erde als gute Wohnung bleiben das Ziel gemeinsamer Anstrengung. Dort, wo Bruno Taut aus dem Geist der Utopie und gestützt auf politische Entschlossenheit schöpfen und bauen konnte, werden die vielfältigen Qualitäten bis heute bestätigt, in der Anerkennung des hohen künstlerischen Wertes durch die Architekturgeschichte und in dem nachhaltigen Beitrag zur Architektur des Wohnens, bestätigt durch den Zuspruch der Bewohner. So mag es zutreffen, dass Bruno Taut der für Berlin wichtigste Architekt nach Schinkel geworden ist.

Helga Schmidt-Thomsen

The developments in politics, natural sciences and technology around 1900 furthered a new orientation in all areas. In the course of imperial gestures, the knowledge of extra-European cultures increased and the influence of their artistic, religious and philosophical contributions grew. In art and architecture these influences were visible in the sense of a new aesthetic which negated old genres. Colour as an elementary sensory experience was crucial in new painting, and composers such as Skryabin and Schönberg experimented with "Farblichtmusik" (colour-light-music). The effect of colour and light on the human psyche was recognised and the search for cosmic relationships was reflected in new colour symbolism.

In this time of radical change the young Bruno Taut was looking for orientation, models, ideas to follow and artistic solutions. During his first working years he was assailed by doubts as to whether his future lay in painting or architecture. He wanted to realize colourful spatial compositions and colourful buildings. He confronted the crumbling view of life with a model of harmony in which all the arts would work together for the benefit of society.

Together with the painter Franz Adolf Mutzenbacher, he was able to realize colour-architecture in various projects, as in the industrial pavilions in Leipzig (1913) and Cologne (1914), as well as in the home for unmarried people of the Lindenhof housing development in Berlin Schöneberg by Martin Wagner (1920 / destroyed during the War). Contributions to competitions and municipal buildings reveal Taut's efforts to find a new beginning for town planning and the architecture of living quarters. He took up the idea of the "Gartenstadt" (Garden City) as a housing development of the Building Co-Operatives in alternation from single houses, duplexes and row-houses in the green expansion area of the large city. With its point of departure in the former colour of medieval cities and the experience of the joy of colour in rural areas, Taut had already left the canon of reduced colour in material behind him, in his inner-city buildings as well, setting new accents with colourful plastering and glazed plates.

Bruno Taut developed the construction plan for a 70-hectare rough terrain for the "Gemeinnützige Baugenossenschaft Gartenvorstadt Groß-Berlin" (Building Co-Operative Garden Suburb Greater Berlin). The subdivision into gardens and public rooms, as well as the designs for houses with floor-plans for differing needs and household forms, had social mixing and classless solidarity community as their goal. Colour was not only to serve an aesthetic, space-forming function, but also social functions. During the second constructional phase, colours of such power were used that they gave rise to the popular nickname "Tuschkastensiedlung" (Ink-Box Development). This pioneering work appears to be an influential building to this day, with the colours regained through restoration.

Bruno Taut's own "Glashaus" shown at the 1914 Cologne German Werkbund Exhibition was surely a key experience of coloured space and of space filled with coloured light. This small building exercised a most lasting fascination and em-

anated the strongest impulses on others. The design was inspired by the poet Paul Scheerbart and his "Glasarchitektur". A net cupola made of iron-concrete, with its rhombic sides filled with glass in two shells, was elevated above a ring carried by pillars, in turn supported by a curved, bell-shaped concrete pedestal. An open anteroom could be reached by crossing an outside staircase; one could arrive in the light-filled crystalline cupola room by crossing glass-iron stairs out of Luxfer prisms; or one could reach the lower "ornament room" with its glass pictures and water cascade over the interior stairs. An opening in the ceiling allowed for a view out of the lower world of the life-source and of the colourful refractions and reflections in the water up towards the cupola, disintegrating into radiant white-yellow and pure luminosity out of deep blue, moss green and gold-yellow. The experience of light and space, strengthened by kaleidoscopic projections, delighted and enchanted the visitors. The consequences for the further development of architecture in "glass house fever" were equally founded on the influence of Paul Scheerbart.

Through the declaration of war in August 1914, the fantastic pacifism of the friends Taut and Scheerbart was confronted with a reality that drove the latter to a voluntary death by hunger-strike. Bruno Taut survived it, thanks to the power of his imagination and the refuge he found in the virtual world of his own creation.

In the article entitled "Aufruf zum farbigen Bauen" (Summons to Colourful Building), first published in "Bauwelt" in 1919 with the superscript "Der Regenbogen" (The Rainbow), Taut wrote: "The past decades have killed optical sensory joy through their emphasis on pure technology and science. Grey in grey stone boxes took the place of colourful and painted houses. [...] We don't want to build any more colourless houses, or see them built, and want to give the building owner and resident courage to stand up for the joy of colour on the inside and outside of the house, through this united confession. [...] Colour is the joy of living,

and since we have but small means to provide it, we must insist on it, especially during these times of need today, in all buildings that must be executed. [...] In place of the dirty, grey house, blue, red, yellow, green, black and white houses must finally appear in uninterruptedly lustrous tones." An astonishingly large number of like-minded people, including not only leading German Werkbund architects like Behrens, Poelzig, Gropius and Scharoun, but also publicists, directors of applied arts schools, patrons of the arts, municipal building councillors and managers of building co-operatives and societies for small apartments, signed this proclamation.

During his period in office in Magdeburg (1921-1924) Taut wanted to realize the idea of the colourful city in a historical context as well. Colour as a symbol of the joy of living and beauty was to have the effect of an image-change in the sense of social democratic progress. Conflicts could not be avoided, and they finally caused Taut to resign. A remark attributed to Poelzig stated that architecture is frozen music, but "bei Taut da taut's" (with Taut it thaws), and the remark "in Magdeburg da TAUT's" (it's thawing in Magdeburg) honour him as the one who could get stalled conditions moving.

The area of tension between reality and utopia, between real existence and idealistic impulse, is found in Taut's writings, manifestos and visions. It almost seems as if Taut's claim to Nietzsche's superman is anchored in a transfigured leader's role for the architect. The hypertrophy and belief in progress in imperial Germany experience a revaluation in his visionary fantasies, overlapping with the multifarious proclamations and attempts at fundamental change during that time in the sense of a social, religious, artistic, political and economic new beginning. The "temples of reason" dreamt of by the Enlightenment did not suffice for him; they required completion through the spectrum of the world of feeling in order to do justice to a holistic image of humanity. It is astonishing how, with Taut, the driving forces of time could be transformed out of their destructive role in war and annihilation into his positive, pacifistic world view. By trusting in the great power of solidarity that a united humanity could develop, he develops his visionary pictures and designs for world community – acting responsibly, led by noble aspirations and capable of profound insights and great feelings. The transformation of the entire society and its new construction - beginning with the needs of the individual person – could take form in Bruno Taut's projections and projects, in fantastic pictures and realistic designs. One can no longer speak of city and utopia without mentioning Bruno Taut.

Bruno Taut returned to Berlin in 1924 as Chief Architect of the GEHAG, the newly formed progressive residential building organisation of the unions. The stabilization of the currency had been achieved, and now great creative possibilities and a fruitful building activity were presenting themselves. Bruno Taut was able to build more than 10,000 apartments within only ten years. With the support of Martin Wagner he developed his art of town planning, achieving practical and aesthetic pioneer work with the construction of small, suitable standardized apartments. His work is always orientated towards the human being and his needs. In succession to the apartment construction reform, his apartment complexes communicated new images of healthy, happy, nature-bound living in contrast to the misery of Berlin's tenements of the proletarian district established when the city was founded. Especially the large project Britz, the "Hufeisensiedlung" (1925-1929), the Waldsiedlung Zehlendorf "Onkel Toms Hütte" (1926-1931, with Häring and Salvisberg) and the Wohnstadt "Carl Legien" in Prenzlauer Berg (1928-1930) attracted worldwide attention. The beginnings of emancipation through architecture were suspect to traditionalists and reactionaries, and soon led to persecution by the National Socialists.

Taut's work was always accompanied by a rich activity of publicity to help overcome resistance against the "Neues Bauen". He made use of every opportunity to publicize his architecture, his insights in dealing with floor-plan questions, light and colour, technique and material. Thus his own house in Dahlewitz, the "Piece of Cake," became an example shown in the 1927 book "Ein Wohnhaus" (A Residential House), splendidly created by Johannes Molzahn. He analyzed the house form as a crystallisation of atmospheric conditions. Here, too, he defends man as the measure of all things against modern formal litanies.

The rejection of all dogmas belongs to the most remarkable of Taut's convictions. He was constantly searching for a balance between rational and emotional elements, for the synthesis of human, functional and constructive aspects. One could also say that he registered criticism everywhere, including that of Gropius and Haesler, Häring and Mendelsohn. The exchange of ideas that he carried on around 1920 with the friends of the "glass chain" reveals fragility in his code-name "Glass."

Bruno Taut's emphatic proclamations and ardent visions make clear to us the extent of present-day disenchantment at the end of utopias. But there is no doubt as to the core of his formulated task: the peaceful co-existence of human beings and the earth as a good apartment remain the goal of common striving. Wherever Bruno Taut could build and create out of the spirit of utopia, supported by political resoluteness, the multifarious qualities of that work are confirmed up to the present day. They are confirmed in the recognition of their high artistic value by architectural history, in their lasting contribution to the architecture of living, and by the encouragement of the residents. Thus Bruno Taut may well be the most important architect for Berlin since Schinkel.

Helga Schmidt-Thomsen

Baudenkmale von Bruno Taut –
Berliner Kandidaten für die Welterbeliste

Abgesehen von seiner Kindheit, die Bruno Taut einschließlich der Schul- und Studienjahre an seinem Geburtsort Königsberg verbrachte, wohnte und wirkte er die meiste Zeit seines Lebens in Berlin, nämlich – mit zwei mehrjährigen Unterbrechungen während des Ersten Weltkrieges und nach dem Ersten Weltkrieg – in den Jahren zwischen 1908 und 1932. In der Berliner Denkmalliste ist Bruno Taut mit mehr als 40 Eintragungen und Hunderten von Adressen verzeichnet. Sie dokumentieren Hauptstadien seines beruflichen und baukünstlerischen Werdegangs vom späten Kaiserreich vor dem Ersten Weltkrieg bis zu seiner Emigration 1933. Und sie repräsentieren ein breites Spektrum an Bauaufgaben, wobei dem Wohnungs- und Siedlungsbau zentrale Bedeutung zukommt. Ebenso spiegelt die Denkmalliste wichtige Arbeitsbeziehungen seiner Berliner Jahre wider, seien es die förmlichen Bürogemeinschaften mit Arthur Vogdt, Franz Hoffmann und seinem Bruder Max oder vorübergehende Projektgemeinschaften mit Heinrich Tessenow und Bruno Ahrends, sei es die Zusammenarbeit mit namhaften Künstlern oder Gartenkünstlern wie Karl Schmidt-Rotluff von der Künstlergemeinschaft „Die Brükke" oder den Landschaftsarchitekten Ludwig Lesser und Leberecht Migge, die Kooperation mit wichtigen zeitgenössischen Bauherren, Stadtplanern und Architektenkollegen wie Baustadtrat Martin Wagner oder Franz Hillinger von der GEHAG. Neben einer Begegnung mit international bekannten Monumenten des modernen Städtebaus bietet die Denkmalliste auch Gelegenheit zur Wiederentdeckung verschollen geglaubter Bauwerke Bruno Tauts.

Als der Berliner Senator für Stadtentwicklung vor wenigen Jahren die Ferdinand-von-Quast-Medaille, also die nach dem ersten preußischen Staatskonservator benannte höchste Denkmalauszeichnung von Berlin, 2001 erstmals an eine Schüler-, Studenten- und Lehrlingsgruppe des Bauwesens verlieh, galt der Preis einem weithin unbekannten, auch mehr unscheinbaren Bauzeugnis von der Hand Bruno Tauts.[1] Hart an der Grenze zum ehemaligen Todesstreifen der Berliner Mauer hatte zwischen Schrebergärten ein kleiner, viereckiger Pavillon den Krieg und den Kalten Krieg überdauert und war von Jugendlichen in einer konzertierten Aktion vor weiterem Verfall bewahrt sowie für Unterrichtszwecke wieder hergerichtet, teilweise auch restauriert worden. Es handelt sich um ein Denkmal der besonderen Art, sozusagen um ein Zufallsdenkmal und einen konservatorischen Glücksfall, wie ihn Bruno Taut und seine Auftraggeber weder geplant hatten noch jemals geahnt haben dürften. Es handelt sich um einen kleinen Versuchsbau von 1928 für einen neuen Schultyp, eine Arbeits- und Gemeinschaftsschule, die das Schulwesen und die Schularchitektur in Berlin hätte revolutionieren sollen und dessen Ausführung der Prototyp eines Schulpavillons hätte später weichen müssen. Das als „Schule der Zukunft" gefeierte Reformprojekt, die so genannte „Dammwegschule", fiel freilich der Weltwirtschaftskrise und schließlich der NS-Zeit zum Opfer – und im Windschatten der gescheiterten Planung und der Berliner Mauer fand der Experimentalbau als dauerhaftes Provisorium gewissermaßen eine Überlebensnische.[2]

Am oberen Ende der Bekanntheits- und Beliebtheitsskala befinden sich aber etliche Wohnanlagen, wie sie Bruno Taut nach seiner Rückkehr aus Magdeburg 1924 für Berlin entworfen hatte. Seine „Papageienhaus" genannte Wohnzeile an der Trierer Straße fällt heute wieder wegen ihrer blau-gelb-roten Farbigkeit ins Auge. Sie war im Dritten Reich als „entartete Kunst" entstellt worden und präsentiert sich seit der letzten Restaurierung – gefördert durch die Deutsche Stiftung Denkmalschutz – im kräftigen expressionistischen Kolorit. Vier andere Berliner Taut-Siedlungen rücken 2005 verstärkt ins Zentrum des öffentlichen Interesses, weil sie auf der Anmeldeliste der Bundesrepublik Deutschland für das UNESCO-Welterbe stehen. Im Jahr 1999 hat die Ständige Kultusministerkonferenz der deutschen Länder die so genannte „Tuschkastensiedlung" Gartenstadt Falkenberg (1913-1916), das als „Hufeisensiedlung" bekannt gewordene Wohnensemble in Britz (1925-1930), die Siedlung am Schillerpark (1924-1930) sowie die „Wohnstadt Carl Legien" (1928-1930) im Bezirk Pankow als Welterbekandidaten nominiert. Zwei der Wohnanlagen von Bruno Taut gehören noch vollständig dem historischen Bauherren, der Bau- und Wohnungsgenossenschaft von 1892 e. G., die ihre Siedlungen Falkenberg und Schillerpark mustergültig unterhält, wo nötig restauriert sowie auf einen zeitgemäßen Wohnstandard modernisiert – und die 1993 für vorbildliche denkmalpflegerische Leistungen mit der Ferdinand-von-Quast-Medaille ausgezeichnet wurde. Die Großsiedlung Britz und die „Wohnstadt Carl Legien" werden von den Wohnungsunternehmen GEHAG und BauBeCon sowie privaten Hauseigentümern ebenfalls auf hohem Niveau erhalten und schrittweise denkmalgerecht saniert. Der förmliche Antrag der Bundesrepublik Deutschland wird 2005 / 2006 ans Welterbezentrum der UNESCO nach Paris gehen und insgesamt sechs Berliner Siedlungen der Zwischenkriegsjahre umfassen, zwei aus dem ehemaligen Ostteil und vier aus dem früheren Westteil der wiedervereinigten deutschen Hauptstadt.[3]

Berlin verdankt seinen weltweiten Ruf als historische Metropole der Moderne vor allem dem Siedlungsbau. Das gebaute Ergebnis kündete von einem sozial- und wohnungspolitischen Erneuerungsprogramm, das die Ziele einer demokratischen Lebensreformbewegung mit dem Leitbild des modernen Städtebaus und einer neuen Architektur auf sinnfällige Weise verband. Entworfen von prominenten Vertretern des „Neuen Bauens" und getragen von staatlich geförderten Genossenschaften und gemeinnützigen Gesellschaften, realisierte die Siedlungsbewegung in Berlin binnen weniger Jahre ein unvergleichliches Programm des sozialen Wohnungsbaus. Dieses Wohnungsbauprogramm hat Maßstäbe gesetzt. Manche der Berliner Pionierprojekte der Wohnreform aus den zwanziger Jahren haben sogar schon zu ihrer Entstehungszeit europaweit für Aufmerksamkeit gesorgt und Bewunderung erfahren. Etliche der Siedlungsanlagen haben später als Leitbilder Eingang in die Standardwerke der Architekturgeschichte des 20. Jahrhunderts gefunden. Die Mehrzahl der bekanntesten Wohnsiedlungen befindet sich, dank sorgfältiger Restaurie-

rungs- und Modernisierungsmaßnahmen ihrer denkmalverständigen Eigentümer, in einem überwiegend vorbildlichen Überlieferungszustand. Gemeinsam mit den umgebenden Grünanlagen besitzen die historischen Siedlungen der klassischen Moderne hohe Denkmalqualität und bieten bis heute zugleich einen außergewöhnlichen Wohnstandard.

Als Denkmalensembles von Weltrang, als Programmbauten der Berliner Moderne und des sozialen Wohnungsbaus in Europa, werden die Planungen von Bruno Taut und andere Schlüsselzeugnisse des 20. Jahrhunderts – wie die Bauhausstätten in Weimar und Dessau, die „Weiße Stadt" Tel Aviv in Israel oder das Rietveld-Schröder-huis in Utrecht und das Haus Tugendhat in Brünn – das „Modern Movement" auf der Liste des für die Menschheit unersetzlichen Welterbes vertreten.[4]

Jörg Haspel

Architectural Monuments of Bruno Taut – Berlin's Candidates for the World Legacy List

With the exception of his childhood spent in his native city of Königsberg, including his school and student years, Bruno Taut lived and worked for most of his life in Berlin. There were two interruptions of several years each during and after the First World War – in the years between 1908 and 1932. On the list of Berlin monuments, Bruno Taut is represented by over 40 entries and hundreds of addresses. They document principal stages of his professional and architectural career from the late Imperial era before the First World War up until his emigration in 1933, as well as a broad spectrum of architectural tasks with the apartments and estate-houses occupying a position of central significance. The list of monuments also reflects important working relationships of his Berlin years, such as the formal office collaborations with Arthur Vogdt, Franz Hoffmann and his brother Max, and the temporary projects undertaken together with Heinrich Tessenow and Bruno Ahrends. These also include collaborations with renowned artists and garden artists such as Karl Schmidt-Rotluff from the artists' community "Die Brücke" (The Bridge) and the landscape architects Ludwig Lesser and Leberecht Migge, and cooperation with important contemporary building owners, city planners and architect colleagues such as "Stadtbaurat" (Building Municipal Councillor) Martin Wagner and Franz Hillinger of the GEHAG. Alongside an encounter with internationally renowned monuments of modern city planning, the list of monuments also offers an opportunity to re-discover architectural works of Bruno Taut which were thought to have been missing.

When the "Senator für Stadtentwicklung" (Senator for Municipal Development) in Berlin awarded the Ferdinand von Quast Medal (named after the first Prussian State Curator, the highest award for a monument in Berlin) for the first time to a group of school children, students and apprentices in architecture several years ago in 2001, the prize was intended for a widely unknown, rather inconspicuous building testimony from the hand of Bruno Taut. Close to the border of that former death strip, the Berlin Wall, a small, square pavilion between the allotments survived the War and the Cold War. It had been preserved from further decay, reconstructed and partially restored for teaching purposes by the youths in a concerted effort. It is a monument of a special kind, a chance monument, so to speak. It is a conservational stroke of luck, such as Bruno Taut and his patrons neither planned nor had ever been able to imagine. It is a small 1928 trial building for a new type of school, a vocational and community school which should have revolutionized schools and school architecture in Berlin; the prototype of a school pavilion would later have had to give way to its execution. The reform project, celebrated as the "Schule der Zukunft" (school of the future), the so-called "Dammwegschule", of course fell victim to the worldwide economic depression and finally the Nazi period as well – and in the sheltered zone of the failed planning and the Berlin Wall, the experimental building found a certain survival niche as a lasting provisional arrangement.

At the upper end of the scale of popularity and fame are a number of residential developments, as Bruno Taut designed them for Berlin after his return from Magdeburg in 1924. His row-houses on the Trierstrasse, called "Papageienhaus" (Parrot House) strike the eye again today because of their blue-yellow-red colouring. They had been disfigured during the Third Reich as "degenerate art" and are now presented since their last restoration – furthered by the "Deutsche Stiftung Denkmalschutz" (German Monument Protection Fund) – in powerfully expressionistic colours. Four other Taut developments have come into the centre of public interest in 2005 because they are on the Federal Republic of Germany's application list for the UNESCO World Legacy. In 1999 the "Ständige Kultusministerkonferenz der deutschen Länder" (Standing Ministry of Education and Cultural Affairs of the German Provinces) nominated the so-called "Tuschkastensiedlung" Gartenstadt Falkenberg (1913-1915), the residential ensemble in Britz known as the "Hufeisensiedlung" (1925-1931), the development by Schillerpark (1924-1930) as well as the "Wohnstadt Carl Legien" (1929-1930) in the district of Pankow as world legacy candidates. Two of the residential developments of Bruno Taut still completely belong to the historical building owners, the "Bau- und Wohnungsgenossenschaft von 1892 eG" (Building and Apartment Cooperative House Society of 1892, Ltd.), who still ideally maintain their developments Falkenberg and Schillerpark, restoring them when necessary and modernising them at a contemporary living standard. They were awarded the Ferdinand von Quast Medal in 1993 for exemplary achievements in the area of monument cultivation and maintenance. The large development Britz and the "Wohnstadt Carl Legien" are also maintained at a high level by the apartment concerns GEHAG and BAUBECON as well as private home owners and, step by step, being restored as befits a monument. The formal proposal of the Federal Republic of Germany will be sent to the UNESCO World Legacy Centre in Paris in 2005, and altogether include six Berlin housing developments from between the World Wars, two from the former eastern and four from the former western section of the reunified German capital.

Berlin above all owes its worldwide reputation as a metropolis of modernism to its housing developments. The built results bear witness to a social and residential-political renewal programme which united the goals of a democratic life-reform movement with the ideal model of modern town planning and a new kind of architecture in a striking way. Designed by prominent representatives of the "Neues Bauen" and supported by state-furthered co-operatives and charitable societies, the housing development movement in Berlin realized an incomparable programme of social apartment building within just a few years. This apartment building project set new standards. Some of the Berlin pioneer projects of the residential reform of the 1920s attracted attention and admiration throughout Europe already at the time they were built. A number of the housing developments later found their way into the standard works of the history of twentieth-century architecture as models of their kind. The majority of the most famous housing developments are still in generally excellent condition, thanks to painstaking restorative and modernisation measures on the part of their knowledgeable owners. Together with the surrounding public gardens, the historical developments of classical modernism possess high quality as monuments, at the same time still offering excellent living quality today.

The plans of Bruno Taut and others, as key testimonies of the twentieth century, world-class monument ensembles, programme buildings of Berlin modernism and of social apartment building in Europe – like the Bauhaus developments in Weimar and Dessau, the "White City" in Tel Aviv, Israel, the Rietveld-Schröderhuis in Utrecht and the Haus Tugendhat in Brno – will represent the "Modern Movement" on the list of Irreplaceable World Legacy for Humanity.

Jörg Haspel

Erhalt und Instandsetzung von Bruno Tauts Wohnsiedlungen

Preservation and Restoration of Bruno Taut's Housing Developments

Waldsiedlung Zehlendorf, BA V, Treibjagdweg, Blick auf den Hochwildpfad

Begonnen hat alles 1968! Ich bin mit meiner Familie in die Siedlung „Onkel Toms Hütte", in den Hochwildpfad 40, in eines der Taut'schen Reihenhäuser von 1929-1930 gezogen. Bruno Taut hat mit Genugtuung das Urteil des Franzosen Vaudoyer über diese Zehlendorfer Siedlung vermerkt – „Die Häuser sind [...] von einer sehr einfachen Modernität und vor allem äußerst heiter. Jede Straße hat hinter ihrem Kiefernvorhang ihr Gesicht, ihre Farbe. Gewiß, solche Häuser machen noch nicht das Glück aus. Doch mindestens laden sie zum glücklich sein ein."

Die einfache Modernität, die Heiterkeit, das „Gesicht" und die Farbe waren 1968 noch erlebbar. Ab Mitte der 1970er Jahre verlor die Siedlung jedoch ihr „Gesicht". Glattputz wurde durch Rauhputz ersetzt, die intelligent geteilten Holzfenster wurden am Wochenende in Heimarbeit durch sprossenlose Kunststofffenster ersetzt, die Farben verschwanden ganz oder wurden verändert – die Siedlung verlor nach 50 Jahren rasant ihre ursprüngliche Modernität.

Diese stetig fortschreitenden Veränderungen galt es zu verhindern. Als Bewohner der Siedlung und als Architekt versuchte ich ab 1976, den Originalzustand der Häuser zu erkunden. Tabellarisch wurden alle Fassaden und ihre Elemente erfasst, verglichen, auf ihre Originalität überprüft etc. Ein langer, aufwändiger Vorgang, bei dem mich Winfried Brenne in „Freizeitarbeit" unterstützt hat.

Im Jahre 1978 lag die „Erarbeitung von Grundlagen zur Erhaltung der Onkel Tom Einfamilienreihenhaussiedlung von Bruno Taut

aus dem Jahre 1929" als Gutachten vor – ein handgearbeitetes Exemplar mit 233 Seiten (DIN A4) in vierfacher Ausfertigung. Mit Vorschlägen zur Erhaltung der Siedlung und der Forderung nach ihrer Eintragung als Baudenkmal oder als geschützter Baubereich wurde „die dringende Notwendigkeit, diese beispielhafte Siedlung zu schützen", zum Ausdruck gebracht und ein Exemplar dem Landeskonservator übergeben. Dieser eröffnete mit dem Gutachten als erstem Beiheft seine Reihe „Die Bauwerke und Kunstdenkmäler von Berlin". Ein erster Schritt zum Erhalt und zur Instandsetzung der Waldsiedlung Zehlendorf „Onkel Toms Hütte", und später dann der „Hufeisensiedlung", der Siedlung „Weiße Stadt" und der Großsiedlung Siemensstadt, war getan.

Intensiv betreut von Klaus-Peter Kloss vom Landesdenkmalamt erarbeitete die inzwischen gegründete Architekturwerkstatt Pitz-Brenne in den folgenden Jahren mit großem Engagement Standardwerke für die Erhaltung der vier Großsiedlungen. Sie dienten den Wohnungsbaugesellschaften, die große Teile der Siedlungen besaßen, als Handbuch für die Bauunterhaltung, orientiert am sorgfältig dargestellten Originalzustand des Putzes, der Farbe, der Fenster und Türen etc., und dem Landesdenkmalamt als Kontrollinstanz für die Instandsetzungsarbeiten.

Mit dem Titel „Siedlungen der 20er Jahre" legte das Nationalkomitee für Denkmalschutz 1984 die Dokumentation seiner Tagung in Berlin vor. Unsere Arbeit an den Großsiedlungen war dort ausführlich dargestellt und gewürdigt worden. Im gleichen Jahr wurde im Bauhaus-Archiv anlässlich des 60-jährigen Bestehens der vier Berliner Großsiedlungen unter dem Titel „Siedlungen der zwanziger Jahre – Heute" eine große Ausstellung mit dem von Pitz-Brenne erarbeiteten Material realisiert.

Von 1984 bis zum Fall der Mauer konnten große Teile von Bruno Tauts Siedlungen, der „Hufeisensiedlung" Britz und der Waldsiedlung Zehlendorf „Onkel Toms Hütte", unter der Leitung von Pitz-Brenne instand gesetzt werden. Jetzt erst war die große Qualität des Taut'schen Städtebaus, der Gebäude, der

Farbe 1:1 wieder zu bewundern. All dies wäre ohne den großen Einsatz der Wohnungsbaugesellschaften GEHAG und GSW und ihrer Leiter und Mitarbeiter nicht möglich gewesen. Für ein paar fruchtbare Jahre war das hohe Engagement, das die Zusammenarbeit von Stadtbaurat, Architekten, Wohnungsbaugesellschaften und Bauunternehmern in den Zwanziger Jahren prägte, in neuer Konstellation – Denkmalpfleger, Architekten, Wohnungsbaugesellschaften und ausführende Firmen – noch einmal aufgelebt, zum Wohle und zur Erhaltung einer Architektur, die Julius Posener in einem persönlichen Gespräch in ihrer Bedeutung neben die Architektur Schinkels gestellt hat.

Die Architekturwerkstatt Pitz-Brenne wurde Anfang der 1990er Jahre aufgelöst, Winfried Brenne führt seitdem unsere gemeinsame Arbeit weiter und betreut Bruno Tauts Siedlungen, auch im Ostteil der Stadt.

Begonnen hat alles 1968 – ein junger Architekt ist in die von Taut gestaltete Welt geraten, er wurde infiziert, er führte 1982 ein fiktives Gespräch mit Bruno Taut, dem Meister[1], welches auch zeigt, warum die Siedlungen Bruno Tauts erhalten und instand gesetzt werden müssen – sie stehen für eine humanere Welt, für soziale Verantwortung, für das Wohnen in Licht, Luft und Sonne.

Helge Pitz

It all began in 1968! I moved into the development "Onkel Toms Hütte" with my family, into one of the Taut row-houses of 1929–1930, about which the Frenchman Vaudoyer remarked, "The houses are [...] of a very simple modernity and, above all, very cheerful. Each street has its own face and colour behind its curtain of pine trees. Of course, such houses are no guarantee of happiness. But at least they do invite one to be happy."

From the mid-1970s the development lost its "face." Polished plastering was replaced by roughcast, the divided wooden windows by plastic windows without rungs; the colours either disappeared entirely or were altered.

As a resident of the development and as an architect, I began, in 1976, with the support of Winfried Brenne, my attempt to hinder the progressive changes and to

find out what the original condition of the houses actually was. 1978 saw the completion of "Establishment of the Foundations of the Preservation of the Uncle Tom Single-Family Row-House Development of Bruno Taut of the Year 1929" as the elucidation of expert opinion. The "urgent necessity of protecting this exemplary development" found expression in suggestions for its preservation and the furthering of its registration as a building monument or as a protected building area.

Under the supervision of Klaus-Peter Kloss of the "Landesdenkmalamt" (State Monument Protection Office), the Pitz-Brenne Architectural Workshop, founded in the meantime, formulated standard works for the preservation of the four large developments Zehlendorf, Britz, Siemensstadt and the "Weiße Stadt" (White City) development. They served as a handbook for the apartment building societies for building maintenance and for the State Monument Protection Office in order to inspect the restoration work.

The documentation of the 1984 conference "Siedlungen der 20er Jahre" (Housing Developments of the 1920s) of the "Nationalkomitee für Denkmalschutz" (National Committee for Monumental Protection) contains a detailed exposition of our work. During the same year a large exhibition with material worked out by Pitz and Brenne entitled "Housing Developments of the 1920s – Today" was realized in the Bauhaus Archive.

From 1984 until the fall of the Berlin Wall, large portions of the "Hufeisensiedlung" Britz and the forested development Zehlendorf were restored under the leadership of Pitz and Brenne. Following dissolution of the Architectural Workshop at the beginning of the 1990s, Winfried Brenne continued the collaborative work, taking charge of Bruno Taut's developments, in the eastern part of the city as well.

It all began in 1968 – a young architect fell into the world created by Taut, standing for a more humane world, for social responsibility, for living in light, air and sunshine.

Helge Pitz

Bruno Taut, Tokio 1934

Werkkatalog
Catalogue of the Works

Der Werkkatalog umfasst die von Bruno Taut in Berlin und unmittelbarer Umgebung realisierten Projekte vom Anfang seiner Architektentätigkeit 1908 als Mitarbeiter im Büro von Heinz Lassen bis zum Zeitpunkt seiner erzwungenen Emigration im März 1933. Aufgenommen sind ausschließlich die nachweislich unter Beteiligung Tauts ausgeführten Bauten. Temporäre Gebäude, wie Ausstellungspavillons, Wettbewerbsbeiträge oder nicht verwirklichte Planungen, mussten unberücksichtigt bleiben, da ihre Anzahl den Rahmen der Publikation gesprengt hätte.

Die Darstellung der Bauten erfolgt chronologisch mit dem Baubeginn bis zur Fertigstellung, entsprechend der im Rahmen der Objektrecherche ermittelten Baudaten. Die inhaltliche Aufarbeitung für die einzelnen Objekte berücksichtigt eine bauhistorische Einordnung, die Bedeutung im Werk Tauts und – bei den erhaltenen Bauten – den gegenwärtigen Bauzustand. Zur Veranschaulichung wurde auf historisches und aktuelles Bildmaterial und auf im Büro Winfried Brenne Architekten erstellte Zeichnungen für Lagepläne, Grundrisse und Ansichten zurückgegriffen.

Winfried Brenne, Jürgen Tomisch,
Ulrich Borgert, Azra Charbonnier

This catalogue of Bruno Taut's works includes projects in Berlin and the surrounding vicinity that were realized in the time span ranging from the beginnings of his architectural career as an employee in the office of Heinz Lassen through to his forced emigration in March 1933. Taut's direct involvement with all of the buildings presented here is verified. Temporary buildings such as exhibition pavilions, competition entries, or unrealized designs had to be left out of this book – their sheer number could not be accommodated here.

The buildings are presented in chronological order from the beginning of construction until completion. This data was collected during an extensive project research stage. The detailed presentation of the individual buildings encompasses their classification in architectural history, their importance within Taut's oeuvre and – for the buildings that exist today – their present state. Historic and contemporary illustrative materials are augmented by plan material drafted in Wilfried Brenne's architecture office including site plans, floor plans and elevations.

*Winfried Brenne, Jürgen Tomisch,
Ulrich Borgert, Azra Charbonnier*

Mietshaus mit Läden Bismarckstraße | 1908-1909

Berlin-Charlottenburg
Bismarckstraße 10
Ecke Marie-Elisabeth-
Lüders-Straße 1
(früher Neue Grolmannstraße)

zerstört

**mitbeteiligte Architekten
und Künstler**
Heinz Lassen
Arthur Vogdt (Grundrisse)
Ulrich Nitzschke (Bildhauer)

Wohnform
6- und 10-Zimmerwohnungen

Bauherr
Arthur Vogdt

Bismarckstraße Ecke Neue Grolmanstraße, um 1917

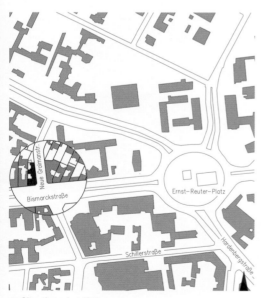

○ *Situationsplan 1910*

Das erste Projekt, das Bruno Taut als freier Mitarbeiter von Heinz Lassen in Berlin 1908-1909 realisieren konnte, war ein vornehmes Charlottenburger Eckmietshaus an der Bismarckstraße. Allerdings zeichnete er, wie später bei ähnlichen Bauaufgaben, nur für die künstlerische Überarbeitung der Straßenfassade mitverantwortlich. Die Grundrissgestaltung und die Baudurchführung übernahm der Architekt und Bauunternehmer Arthur Vogdt, der hier auch als Bauherr in Erscheinung trat.

Zu diesem Zeitpunkt war der Ausbau der Bismarckstraße zu einer architektonisch aufwändigen Prachtstraße Charlottenburgs in vollem Gange. Der mächtige Eckbau erhielt deshalb luxuriöse Wohnungen, zu denen bis zu 54 Quadratmeter große Gesellschaftsräume gehörten, sowie eine angemessene Fassade. Ihr beherrschendes Moment waren die bewegt modellierten Partien. Die Fronten ließ Taut in einer ungewöhnlichen Ecklösung scharfkantig aufeinandertreffen. Das mansardähnlich gebrochene hohe Dach war an der Bruchkante mit einer Kette geschweifter Gauben bestückt und die von Taut geschmähten Erker waren mit dreifacher geschwungener Kon-

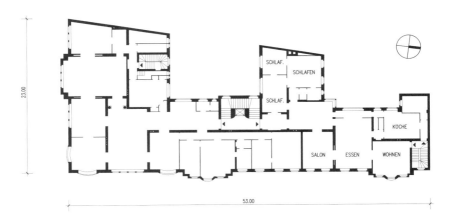

Grundriss, 1. Obergeschoss

NEUE GROLMANSTRASSE

SCHLAF.
SCHLAFEN
SCHLAF.
KÜCHE
SALON ESSEN WOHNEN

23.00

53.00

tur neuartig formuliert worden. Hinzu kamen moderne französische Fenster, die – unregelmäßig verteilt oder am letzten Geschoss unterhalb der Dachhaube aneinandergereiht – für eine Auflockerung der fast dekorlosen Fronten sorgten. Lediglich zur Bismarckstraße schmückten den mit Terrakotta gefassten Schweifgiebel fünf allegorische Standfiguren, die der von Taut geschätzte Bildhauer Ulrich Nitzschke geschaffen hatte.

Es war ein großstädtisches Mietshaus entstanden, das gehobenen Ansprüchen genügte und in der flächigplastischen Gestaltung der Fassade die Moderne anklingen ließ. Der Bau ist im Krieg zerstört und später abgebrochen worden.

The first project that Bruno Taut was able to realize as a collaborator of Heinz Lassen in Berlin was an elegant corner apartment house on Bismarckstraße. Be that as it may, he was responsible only for the artistic revision of the façade facing the street. An unusual corner solution – Taut had the front sides meet at sharp angles – and moving modelled parts were their dominant moment. The garret-like broken, high roof was equipped with a chain of curved protruding windows on the edge; the bay-windows were newly formulated with a triple-curved contour. Modern French windows were also used; they brought a certain relief to the nearly ornament-free front sides. Five allegorical figures by the sculptor Ulrich Nitzschke decorated the tail-gable of terracotta, but only facing Bismarckstraße.

A big-city apartment house was built that measured up to high standards and was influenced by modernism in the flat, plastic form of its façades. The building was destroyed during the War and later demolished.

Fassade Bismarckstraße, um 1910

Villa Flamm | 1908-1909

Berlin-Nikolassee
Lückhoffstraße,
Ecke Sudetenstraße

zerstört

mitbeteiligter Architekt
Heinz Lassen

Bauherr
Oswald Flamm

Gartenansicht, um 1909

○ *Situationsplan 1910*

Neben dem Miets- und Geschäftshausbau gehörte auch der Villenbau zu den Aufgaben, die Taut in Zusammenarbeit mit Heinz Lassen zu bewältigen hatte. 1908 gab der anerkannte Professor Oswald Flamm, der an der Technischen Hochschule in Charlottenburg einen Lehrstuhl für Schiffsbau innehatte, für sein Anwesen in der Villenkolonie Nikolassee eine Villa in Auftrag. Lassen und Taut legten den kompakten Baukörper in die Mittelachse des Grundstücks, wobei ein halbrunder, offener Veranda-Altan zur Ecke mit dorischen Säulen für Repräsentation sorgte.

Die Villa Flamm zeichnete ein zurückhaltender, strenger Neoklassizismus aus, so wie er vom Messel-Schüler Lassen bevorzugt verwandt wurde. Auf Tauts Einfluss ging vermutlich der Versuch zurück, das klassizistische symmetrische Bezugssystem aufzubrechen. So folgte die Fensterverteilung lediglich auf der Gartenseite mit dem Altan der Symmetrie, die übrigen, mit Risaliten betonten Seiten waren leicht axial verschoben. Während die fast ebenerdige halbrunde Veranda landhausgemäß den Bezug zum Garten suchte, entsprach die Raumgliederung noch weitgehend dem zur

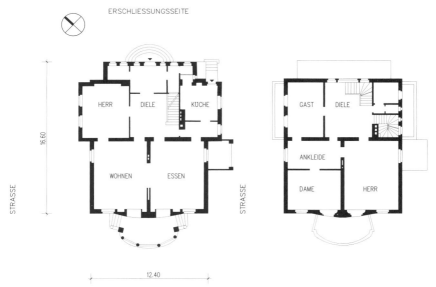

ERSCHLIESSUNGSSEITE

HERR DIELE KÜCHE

WOHNEN ESSEN

STRASSE

16.60

12.40

GAST DIELE

ANKLEIDE

DAME HERR

STRASSE

Grundriss Erd- und Obergeschoss

repräsentativen Geselligkeit verpflichten-
den Villentypus des 19. Jahrhunderts. Mit
Speisezimmer, Anrichte, Herren- und Wohnzimmer sowie einer geräumigen Empfangs-
diele mit Treppe war dem Anspruch des
Bauherrn auf ausreichend Raum für festli-
che Gesellschaften Genüge getan. Das
Obergeschoss erhielt mit Schlaf- und Gä-
stezimmern eine individuellere Aufteilung.
Die Villa überstand den Krieg unbeschadet,
musste in den 1970er Jahren jedoch einem
unförmigen Neubau weichen.

In 1908 the renowned Professor Os-
wald Flamm, who held a professorship
for ship building at the Technical Uni-
versity in Charlottenburg, commissioned
a villa for his residence in Nikolassee.
Lassen and Taut laid the compact main
body of the building into the middle axis
of the property, whereby a half-round,
open veranda balcony with Doric co-
lumns on the corner added a stylish
touch.
The Villa Flamm is marked by a re-
served, strict neo-classicism, as was
preferred by the Messel pupil Lassen. It
is most likely due to Taut's influence

that an attempt was made to break up
the classically symmetrical system of re-
ference. Thus, the window distribution
followed the symmetry with the balcony
only on the garden side; the other sides
– with protruding structures – were slight-
ly axially displaced. The veranda, al-
most at street level, was built in rela-
tionship to the garden, almost like a
country-house. The room arrangement,
however, still for the most part corres-
ponded to the 19th-century villa type,
with its emphasis on representative so-
ciability.
In the 1970s the Villa Flamm had to
give way to a monstrous new building.

Miets- und Geschäftshäuser Kottbusser Damm
1909-1911

Berlin-Neukölln
Kottbusser Damm 90,
Spremberger Straße 11,
Bürknerstraße 12-14

erhalten

mitbeteiligte Architekten
Franz Hoffmann (Fassade)
Arthur Vogdt (Grundrisse)

Eigentümer
privat

Bauzeit
1909-1910

Bauherr
Arthur Vogdt

**Veränderung /
Wiederherstellung**
1980er Jahre denkmalgerechte
Wiederherstellung der Fassade
zur Bürknerstraße

Berlin-Kreuzberg
Kottbusser Damm 2-3

teilweise erhalten

mitbeteiligte Architekten
Franz Hoffmann (Fassade)
Arthur Vogdt (Grundrisse)

Eigentümer
privat

Bauzeit
1910-1911

Bauherr
Arthur Vogdt

**Veränderung /
Wiederherstellung**
1977-1978 Rekonstruktion
Straßenfassade

Fassade Kottbusser Damm 2-3, um 1913

▨ veränderter Wiederaufbau

Zu den frühen Bauaufgaben von Bruno Taut
gehörte der Mietshausbau, wobei er sich
hauptsächlich auf die Gestaltung der Fassaden konzentrierte, während die Grundrisse von anderen Architekten, meist von Arthur Vogdt, ausgeführt wurden. Zentrales
Anliegen Tauts war die generelle Neube-
wertung des Berliner Mietshauses. Auch
wenn er an die alte Bauordnung gebunden
war und die meisten Bauherren aus speku-
lativen Gründen eine malerische Architektur mit Erkern, Loggien und Balkonen be-
vorzugten, entwickelte er dennoch ein kla-
res und zugleich dynamisches Fassadensys-
tem, das sich immer mehr vom tradierten
Formenapparat des 19. Jahrhunderts löste

Bürknerstraße Ecke Spremberger Straße, um 1913

und den städtebaulichen Gesamtzusammenhang in den Vordergrund rückte.

Die Mietshausgruppe mit Läden am Kottbusser Damm 90, die um zwei Straßenecken geführt ist, folgt im Fassadenaufbau der traditionellen Dreiteilung. Taut fasste aber Loggien und Erker prismenartig zusammen, um eine dynamische Wirkung zu erhalten. Rhythmik und Bewegung werden zudem durch einen wellenartigen Fries am obersten Geschoss demonstrativ betont. Eine aufwändige farbige Lisenengliederung sorgt für eine klare Separierung von der restlichen Fassade. Das Motiv des abgesetzten Obergeschosses, das Taut wohl aus dem feudalen Palastbau abgeleitet hatte, zitierte er in Folge immer wieder in unterschiedlichen Variationen.

Bereits hier führte Taut den zentralen Gedanken seiner Architektur ein: den Aspekt der Bewegung. Durch den Einsatz geschwungener Bauelemente, die sich in den Straßenraum hinaus und in den Baukörper hinein bewegen, gelang es ihm, eine kompakte Baumasse auf subtile Weise zu gliedern.

Dieser Grundgedanke prägt auch das Miets- und Geschäftshaus Kottbusser Damm 2-3, wo Taut neben der Fassade zudem die Innenausstattung eines Kinos gestaltete, die sich aber nicht erhalten hat. Das Fassa-

Taut's central concern was the new assessment of the Berlin apartment house. He developed a clear yet dynamic façade system that broke away from the traditional formal apparatus of the nineteenth century.

The apartment house group with shops on Kottbusser Damm 90, extending over two street corners, follows the traditional tripartite division in its façade structure. Taut, however, combined verandas and bay-windows in a prism-like fashion in order to achieve a dynamic effect. Moreover, rhythm and movement are emphasized through a wave-like frieze on the uppermost storey. The colourful arrow-like wall stripes make the separation clear.

The motif of the movement is also found in the apartment and commercial house on Kottbusser Damm 2-3, where Taut also designed the interior of a cinema (no longer extant) as well as the façade. Again, it is rhythm and the contrast of material and colour that give the façade its effect. The building, heavily destroyed during the War, was only rebuilt in 1977-1978 as a monument by Inken and Hinrich Baller.

Kottbusser Damm 2-3, Innenansicht Kinosaal, um 1911

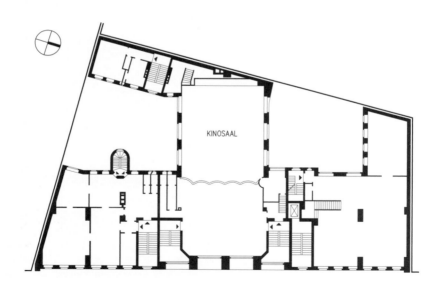

KINOSAAL

KOTTBUSSER DAMM

Kottbusser Damm 2-3, Grundriss, 1.Obergeschoss

denbild zeichnet sich durch einen ruhigen, eher flächig wirkenden Eindruck aus. Taut erklärte dies aus der Lage des Grundstücks: „Als eingebautes Haus erhielt das Gebäude eine Gliederung, die zwischen einem sehr wilden Kaufhaus und einem nüchternen Renaissancehaus aus den 80er Jahren eine möglichst ruhige und geschlossene Flächenwirkung ergeben sollte."[1]

Wieder bestimmen Rhythmisierung sowie Material- und Farbkontrastierung die Fassade. Taut gliederte die Abfolge von Balkonen,

Bürkner-, Ecke Spremberger Straße, 2004

Erkern und einfachen Fensterreihen mittels einer aus flachen, mit Korbbogen überfangenen Lisenen bestehenden Arkadenstruktur. Die vortretenden runden Erker nehmen dieser Aufteilung etwas die Strenge und verleihen ihr einen räumlich-plastischen Zug. Das Motiv der Arkade hatte Taut bereits bei seinem Wettbewerbsentwurf für das Kaufhaus Wertheim (1910) verwendet. Nun übertrug er es auf den Wohnungsbau und überwand die vorherrschende Bindung zwischen spezifischen Stilelementen und Baugattungen. Meisterlich verstand er es, durch eine einheitliche Großgliederung den historischen

Kottbusser Damm 2-3, Ruine, vor 1977

Formenapparat radikal zu vereinfachen, um so zu einer geschlossenen Blockfront zu gelangen. Hinzu kam der Einsatz ungewöhnlicher Materialien, die kontrastierende Farbakzente und neuartige Texturen entstehen ließen. So ergeben hier weiße Putzflächen im Wechsel mit schwarzen Klinkerlagen an den Lisenen eine streifenförmige Bänderung – ein expressives Gestaltungsmittel, das 1924 abgewandelt an seinen Wohnbauten für die Siedlung Schillerpark wiederkehrt.

Das Haus Kottbusser Damm 2-3 wurde im Krieg stark zerstört und blieb mehr als 30 Jahre als Ruine erhalten. Erst mit dem Entwurf des Architektenpaars Inken und Hinrich Baller sind die Straßenfassaden denkmalpflegerisch 1977-1978 wiederhergestellt worden, wobei man die Dachgauben verändert ausgeführt hat. Hinter der rekonstruierten Fassade blieb der Altbau um eine Zimmerbreite erhalten, daran schließt sich seitdem ein Neubau an. Der andere Bau am Kottbusser Damm ist erhalten geblieben. Hier wurde in den 1980er Jahren die Fassade zur Bürknerstraße denkmalgerecht wiederhergestellt, wobei sie auch ihre Farbigkeit zurück gewann.

Kottbusser Damm 2-3, nach 1978

Villa Reibedanz | 1910-1911

Berlin-Lichterfelde
Adolf-Martens-Straße 14

verändert erhalten

**mitbeteiligte Architekten
und Künstler**
Franz Hoffmann
Wilhelm Repsold (Bildhauer)

Eigentümer
privat

Bauherr
Erwin Reibedanz

**Veränderung /
Wiederherstellung**
1982 Dachausbau
1995 Neuverputzung

Straßenseite, um 1913

Kurze Zeit nach Planung der Villa Flamm erhielt Bruno Taut 1910 den Auftrag für Entwurf und Ausführung der Mietvilla Reibedanz in Lichterfelde. Bauherr war der Wäschereibesitzer Erwin Reibedanz, für den er fast zeitgleich eine Dampfwäscherei in Tempelhof ausführte.

Ähnlich der Villa Flamm entwickelte Taut einen kompakten Kubus mit einem ausbuchtenden Baumotiv. Das Gebäude folgt allerdings dem Typus der „Mietvilla", der bereits Mitte des 19. Jahrhunderts von Architekten der Schinkelschule für die Berliner Villenvororte entwickelt worden war. Der inneren Konzeption nach nahmen diese Häuser mehrere Mietwohnungen auf, während sie im äußeren Erscheinungsbild den individuellen Charakter der Villa nachahmten.

Taut entwarf ein auf einem hohen Sockelgeschoss stehendes Wohngebäude, das pro Geschoss eine 250 qm große Sechszimmerwohnung aufnimmt. Belebung erfährt der Baukörper durch die konkav geschwungene Ausbildung der Gartenseite, an die sich im Erdgeschoss eine Pfeilerpergola anschließt. Als zentrales Gestaltungsmittel setzte Taut farbige Baugliederungen und

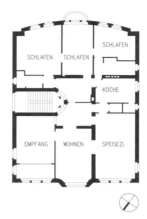

Grundriss Erd- und 1. Obergeschoss

Ornamente ein, die durch den Kontrast von runden und kantig abgesetzten Formen sehr plastisch wirkten. Neuartig waren dabei Form und Anwendung der vom Bildhauer Wilhelm Repsold geschaffenen Ornamentik – vor allem das die Fassade vertikal gliedernde, skulpturale Weinlaub, das sich hell vor dem dunkelfarbigen Putz absetzte.

Der Bau zeugt von einer ästhetischen Haltung, die sich von historisierenden Stilelementen löst und der klaren Form den Vorzug gibt. Angeregt wurde dieses Architekturempfinden von Paul Mebes' 1908 veröffentlichtem Buch „Um 1800", in dem er eine Rückbesinnung auf die einfache, bescheidene Form und die handwerkliche Sorgfalt forderte. Taut übernahm den neuen Formenkanon, belebte jedoch den nüchternen Duktus durch das Moment der Bewegung und Farbe. So schuf er ein für seine Zeit ungewöhnliches, individuelles Bauwerk.

Das Haus ist bis auf die skulpturale Ornamentik, den Putz und die Farbigkeit im Außenbau erhalten.1982 kam es zu einem Dachausbau mit neuen stehenden Dachgauben und zu einem Umbau des Kellergeschosses. Bisher erfolgte keine denkmalpflegerische Rekonstruktion.

Gartenseite, 2005

In 1910 Taut was commissioned to design and execute the rentable townhouse Villa Reibedanz. He developed a compact cube with an indented building motif. The building is of the "rentable villa" type: these houses had room for more apartments inside, whilst externally imitating the individual villa character with decorative elements.

Taut erected a building standing on a high basement, taking in one six-room flat per storey. The building is enlivened by the concave sweeping formation of the garden side. Taut used colourful building arrangement and ornaments as a central means of formation; these frame and give rhythm to the façades.

43

Mietshaus Nonnendammallee | 1911

Berlin-Siemensstadt
Nonnendammallee 97,
Wattstraße 5,
Grammestraße 11

erhalten

mitbeteiligter Architekt
Franz Hoffmann

Eigentümer
privat

Wohnform
3 und 4-Zimmerwohnungen

Bauherr
Gebrüder Kisse

Fassade Nonnendammallee 1911, 2005

Beim Mietwohnhaus an der Nonnendamm-allee lassen sich Tauts Grundsätze des bau-lichen Gestaltens klar nachvollziehen. In seiner Architektur befolgte er das Prinzip, dass jedes Bauwerk „erst auf Grund seiner Vorbedingungen, des vom Bauherrn gege-benen Programms, der örtlichen Lage wie der Umgebung, der zur Verfügung stehen-den Mittel des heimischen Materials (...) bewertet werden kann." Es sei „die erste Pflicht des Architekten, an jede Aufgabe ohne Voreingenommenheit, ohne vorgefaß-te Formel und bereits fertige Formidee her-anzutreten (...)."[1] Gemäß dieser Entwurfs-methodik nahm Taut hier in Formgebung und Materialwahl Bezug zum idyllischen Vorstadtcharakter der Umgebung. Das 1911 bezogene Mietshaus lag damals zwar in ei-nem bereits von der Firma Siemens er-schlossenen, aber immer noch ländlich ge-prägten Gebiet nahe der Wälder und Wie-sen der Jungfernheide.

Taut hielt an der geschlossenen Bauform und der traditionellen Fassadenschichtung des innerstädtischen Mietshauses fest, setzte jedoch vor die dekorlose durchge-hende Häuserwand, die nur durch profilier-te Eckrisalite und das verklinkerte Sockel-

Nonnendammallee Ecke Wattstraße, 2005

geschoss belebt wird, filigrane Rundbalkone aus Holz. Vorgesehen war, wie Taut in einer Fassadenansicht verdeutlichte, die Gitter der Balkone mit Pflanzen umranken zu lassen, um so die laubenartige Wirkung zu verstärken. Dadurch erhielt der sachliche Bau eine idyllische Note, die ihn eindeutig vom einfachen Mietshaus unterschied. Mittels Kontrastierung unterschiedlicher Bauelemente und Materialien entstand ein Fassadenbild, das der Schwere des Baukubus die Leichtigkeit einer hölzernen Laube entgegensetzte.

Neu war, dass Taut das Erker- und Balkonmotiv im vorstädtischen Umfeld nicht wie bei seinen großstädtischen Mietshäusern zur dynamisch-belebten Durchgestaltung der kompakten Baumasse einsetzte, sondern es als eigenständigen Bauteil mit räumlichem Abstand zur Fassadenfläche hervorhob. Zugleich umging er geschickt die von damaligen Bauunternehmern bevorzugte und von der Berliner Bauordnung unterstützte Gliederung durch Erker und Loggien.

Das Haus, das für Mittelwohnungen mit drei und vier Zimmern konzipiert war, hat den Krieg weitgehend unbeschadet überstanden. Eine denkmalpflegerische Instandsetzung fand bisher nicht statt.

For the apartment house on Nonnendammallee, Taut harmonized with the idyllic suburban character of the rural environment in his choice of form and material.

He maintained the closed building form and traditional façade stratification of the inner city apartment house, but put in decorative round wooden balconies in front of the undecorated house wall, which was only enlivened by profiled corner projecting structures and the hard brick basement. This gave the objective building an idyllic tone which distinguished it from the simple apartment house. The new thing was that Taut did not use the bay-window and balcony motif in the suburban context in order to enliven the compact building mass's design, but emphasized it as an independent part of the building with spatial distance from the façade surface. At the same time, he skilfully avoided the arrangement with bay-windows and verandas preferred by most builders at that time.

The house survived the War almost undamaged. A restoration worthy of a monument has not yet taken place.

Büro- und Geschäftshaus Linkstraße | 1911

Berlin-Mitte
Linkstraße 12

zerstört

**mitbeteiligte Architekten
und Künstler**
Franz Hoffmann
Arthur Vogdt (Ausführung)
Ulrich Nitzschke (Bildhauer,
Relief Fassade)

Bauherr
Arthur Vogdt

Straßenansicht, um 1913

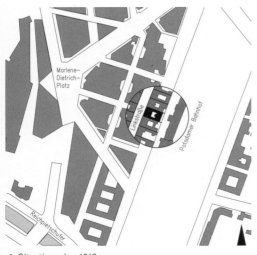

○ *Situationsplan 1912*

An der Linkstraße, einer der Randstraßen des früheren Potsdamer Bahnhofs, hatte Arthur Vogdt ein in den 1880er Jahren errichtetes Wohnhaus erworben, um es in ein modernes Büro- und Geschäftsgebäude umzubauen. Hierfür konnte er Bruno Taut als künstlerischen Berater gewinnen.

Anstelle der alten Neorenaissancefassade entstand eine zeittypische Geschäftshausfront mit zwei in Glas und Bronze aufgelösten Untergeschossen für Läden, Lager und Kontor sowie den davon in einem zweiteiligen Aufbau abgesetzten Büroetagen. Das Besondere dieses Entwurfs lag in der Materialwahl und der damit verbundenen natürlichen Farbigkeit. Für den überaus flächig gehaltenen zweigeschossigen Mittelbau hatte Taut holländischen roten Ziegel verwendet, das letzte Geschoss war mit gelben Terrakottaelementen gefasst und das Hauptgesims sowie die seitlich rahmenden Pfeiler bestanden aus Basaltlava. Dies ergab – zusammen mit einem breitem Terrakottarelief am zweiten Obergeschoss – einen harmonischen Farbenklang. Das von dem Bildhauer und Maler Ulrich Nitzschke geschaffene Relief zeigte den Grundstückshandel, womit auf die Ge-

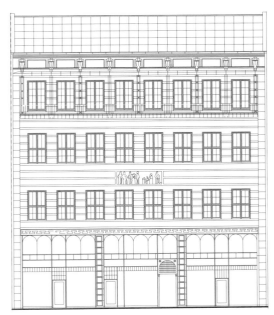

Aufriß Straßenseite,1911

schäftstätigkeit des Bauherrn angespielt wurde, der selbst eines der Ateliers im geschwungen verglasten Dachgeschoss für seine Architekturfirma beanspruchte. Zur Geschäftsmethodik von Vogdt gehörten nicht nur Entwurf und Ausführung eines Gebäudes, sondern auch dessen anschließende Veräußerung.

In der Materialwahl, in der Versachlichung und Flächigkeit sowie im Aufbau der Fassade zeigte sich Taut hier berlinisch, preußisch karg – und trat damit in die Tradition Schinkels. Das Gebäude überstand den Zweiten Weltkrieg nicht. Die Ruine wurde abgebrochen.

Arthur Vogdt obtained a residential house, built during the 1880s on Linkstraße, in order to remodel it into a modern office and commercial building. Bruno Taut became his artistic advisor for this project.

Instead of the old neo-renaissance façade, Taut erected a commercial building front typical of the times, with two lower storeys in bronze and glass for shops, depots and offices, as well as the separate office storeys in a two-part

structure. The special quality was due to the choice of materials and the natural colours resulting from them. Taut used Dutch red bricks for the flat, two-storey central building; the last storey was composed of yellow terra-cotta elements. The principal cornice and the pillars framing the side, were made of basalt lava. The result was a harmonious colour combination, completed by a broad terracotta relief on the second storey.

Taut revealed himself to be very much a Berliner in his choice of materials, objectivity and in the structure of the façade. Very Prussian, very sparing, he was very much in the tradition of Schinkel. The building did not survive the Second World War. The ruins were demolished.

Miets- und Geschäftshaus „Am Knie" | 1911–1912

Berlin-Charlottenburg
Bismarckstraße 116,
Ecke Hardenbergstraße 1

zerstört

mitbeteiligte Architekten
Franz Hoffmann
Arthur Vogdt (Grundrisse)

Wohnform
9- Zimmerwohnungen

Bauherr
Arthur Vogdt

Hofansicht, um 1915

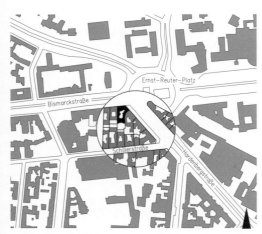

○ *Situationsplan 1913*

Direkt am Charlottenburger „Knie", dort, wo sich heute der Ernst-Reuter-Platz befindet, ließ Arthur Vogdt ein weiteres aufwändiges Miets- und Geschäftshaus erbauen. Wieder wurde Bruno Taut für die künstlerische Überarbeitung der Fassade sowie hier auch des Vestibüls hinzugezogen, während Vogdt die Grundrissteilung übernahm. Im Erdgeschoss waren Läden und ein Restaurant, das Taut ebenfalls einrichtete, in den Obergeschossen Luxuswohnungen von bis zu 490 Quadratmetern Größe unterzubringen.

Der hochherrschaftliche Stil der Wohnungen wie auch die zentrale Lage am neuen Prachtboulevard Charlottenburgs verlangten nach einer angemessenen Ausbildung der Schauseiten zur Hardenberg- und Bismarckstraße. Abgesehen von der gängigen Dreiteilung fand Taut eine zeitgemäße sachliche, auf historische Formen verzichtende Lösung. Die wuchtig gerundete Eckfront wurde durch eine strenge Fensterordnung zwischen den mit Werkstein eingefassten Regenfallrohren, die lisenengleich rhythmisierten, bestimmt. Ein feiner süddeutscher Kammputz sorgte für eine lebendige Oberflächenstruktur der nahezu dekorlosen Obergeschosse. Extravaganz zeig-

48

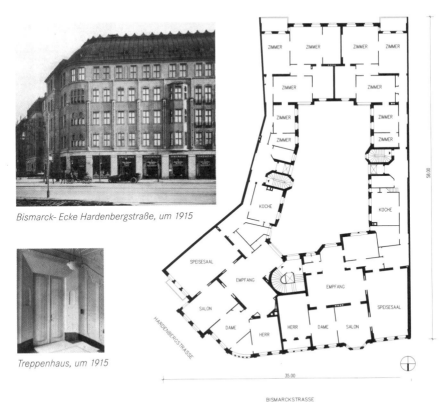

Bismarck- Ecke Hardenbergstraße, um 1915

Treppenhaus, um 1915

ZIMMER ZIMMER ZIMMER ZIMMER

ZIMMER ZIMMER

ZIMMER ZIMMER

ZIMMER ZIMMER

KÜCHE KÜCHE

SPEISESAAL

EMPFANG EMPFANG

SALON SPEISESAAL

DAME HERR DAME SALON

HERR

HARDENBERGSTRASSE

58,00

35,00

BISMARCKSTRASSE

Grundriss 1.-3. Obergeschoss

te Taut in der Ausbildung des hohen, mit Kupferblech ausgeschlagenen Daches, das er geschweift formte. Den First ließ er „mit einer Reihe von aus- und einschwingenden Prismen" besetzen, was am verkehrsreichen Platz sicherlich für Furore gesorgt hat.[1] Später sind solche Wellenformen im Expressionismus wiederzufinden. Der Bau ist im Krieg zerstört worden, seine Ruine wurde abgebrochen.

Arthur Vogdt had another extensive apartment and commercial house built where Ernst-Reuter-Platz is located today. Once again, Bruno Taut was responsible for the artistic revision of the façade and in this case the vestibule as well.

The lordly style of the apartments and the central location on the new splendid boulevard required an appropriate development of the outer sides visible from Hardenbergstraße and Bismarckstraße. With the exception of the usual tripartite division, Taut found an objective solution in tune with the times, rejecting all historical forms. The massively rounded corner front called for a strict window order between the rain-pipes enclosed with freestone, forming a rhythm in the manner of arrow-like wall stripes. Taut showed extravagance in the high roof, covered with copper sheet-metal in a curved form. Prisms sweeping in and out are on the ridge; these forms can later be found in expressionism. The building was destroyed during the War, the ruins then demolished.

Dampfwäscherei Reibedanz | 1911–1912

Berlin-Tempelhof
Teilestraße 23

teilzerstört

mitbeteiligter Architekt
Franz Hoffmann

Nutzung
Gewerbebau

Eigentümer
privat

Bauherr
Erwin Reibedanz

**Veränderung /
Wiederherstellung**
Nach 1945 Abriss der
kriegszerstörten Teile,
danach weitere Abbrüche

Hoffront, um 1914

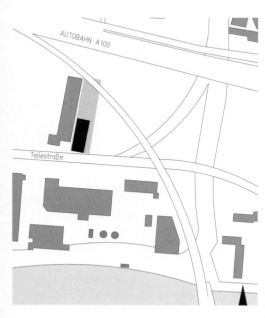

Die 1911–1912 erbaute Dampfwäscherei
Reibedanz gilt als einer der ersten Bauten
der Berliner Architekturgeschichte, der expressionistische Stilelemente aufnimmt.
Für den Bauherrn Erwin Reibedanz hatte
Taut bereits kurz zuvor ein Eigenheim entworfen. Nun bot sich ihm die Chance, auf
einem für ihn relativ fremden Gebiet mit
neuen Stilformen zu experimentieren.

Der Fabrikbau entwickelt sich aus der Besonderheit des Areals, das mit schmalem Zuschnitt sich weit in die Tiefe dehnte. Taut
wählte eine einstöckige, zeilenartige Gebäudeform, die sich parallel zur seitlichen Grund-
stücksgrenze erstreckte, und legte ihren gestalterischen Schwerpunkt auf die schmale
Straßenfront. Abgeschlossen wurde der lang
gezogene Klinkerbau von einem flachen, mit
Eisenfachwerk getragenen Pultdach mit
Oberlichtern. Der Grundriss folgte den zwei
Hauptabteilungen und dem Betriebsablauf
der Dampfwäscherei. Für die Hauswäsche
war der vordere Abschnitt, für die Industrie-
wäsche der hintere bestimmt; im Zentrum lag
die Maschinen- und Kesselanlage mit dem
hoch aufragenden Schornstein.

Das Fassadenkonzept der Straßen- und
Hoffront folgte zwar der traditionellen Pfei-

Straßen- und Hofseite, 2005

ler-Blendengliederung, wie sie im Industrie-
bau seit dem 19. Jahrhundert angewandt
wurde. Taut erreichte jedoch durch den
Einsatz spitzwinklig-kubistischer Einfassungen eine vollkommen andere Gesamtwir-
kung. Vor allem an der Straßenfront, wo es
galt, dem Bedürfnis des Bauherrn nach Repräsentation Rechnung zu tragen, fand er zu
einem neuartigen Umgang mit dem Material Backstein. Er unterteilte die Fassade in
drei breite Fensterfelder, die jeweils von einem ungewöhnlich hohen plastischen Wür-
felfries überfangen wurden. Dazwischen lagen breite Wandvorlagen mit spitzen Lisenen. Eine besondere Wirkung erzielte er
durch den Einsatz unterschiedlicher Klinker: ein gelber Sommerfelder Klinker trat in
Kontrast zu Hauptgesims, Sohlbänken und
den Einfassungen der Wandvorlagen, die
mit schwarzen Steinen aus der Roterschen
Kunstziegelei verblendet wurden. Seine ex-
pressiv anmutende Formhaltung erklärte er
damit, dass er den „kantigen Charakter zu
der runden Ruhe des Schornsteins im Hin-
tergrund"[1] gewählt habe.

Von dem im Krieg zum Teil zerstörten
und später weiter abgebrochenen Komplex
ist nur ein Teil der ehemaligen Hauswä-
scheabteilung erhalten, zu dem auch der
frühere Mangel- und Plättraum mit der expressionistischen Straßenfront gehört.
Allerdings sind die vorhandenen Klinker-
fronten auf entstellende Weise weiß ange-
strichen worden. Eine Erneuerung nach originalem Vorbild erfolgte bislang nicht.

*The "Dampfwäscherei Reibedanz" (Rei-
bedanz Steam Laundry) is considered
one of the first buildings in Berlin with
expressionistic stylistic elements.*

*Here Taut decided upon a one-storey,
row-like building form, stretching out
parallel to the lateral property border.
The long, extended brick building was
topped off by a flat, desk-like roof with
an iron framework and upper lights. A
traditionally strict rhythm of vertical
wall patterns determined the façade
concept of the front and rear sides.
Through skilled masonry and the use of
sharp-angled, cubistic enclosures, however, Taut achieved a completely different overall effect. He organized the
street-side façades into three broad window areas, each one covered by a high,
plastic cube-frieze. In between there are
broad wall patterns with pointed arrow-
like stripes. The variable colours of the
hard bricks communicate a lively effect.*

*Only part of the former house-laun-
dry area, including the expressionistic
street-front, was not destroyed during
the War. Its renovation according to the
original plan is still due.*

Mietshaus Hardenbergstraße | 1912–1913

Berlin-Charlottenburg
Hardenbergstraße 3a,
Ecke Schillerstraße 1

zerstört

**mitbeteiligte Architekten
und Künstler**
Franz Hoffmann
Arthur Vogdt (Grundrisse)
Georg Kolbe (Bildhauer)

Wohnform
10-Zimmerwohnungen

Bauherr
Arthur Vogdt

Fassade Schillerstraße, um 1913

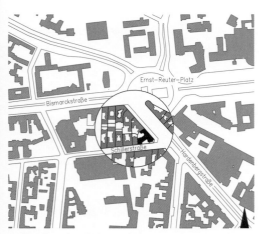

○ *Situationsplan 1914*

Zu den eindrucksvollsten Mietshäusern, die Bruno Taut in Zusammenarbeit mit Arthur Vogdt vor dem Ersten Weltkrieg schuf, zählte das später im Krieg zerstörte großstädtische Wohnhaus an der Hardenbergstraße Ecke Schillerstraße. Für Adolf Behne stellte es „eine ganz seltene und wahrhaft hinreißende architektonische Leistung dar."[1] Hier löste sich Taut nicht nur von der traditionellen Dreiteilung der Fassade und dem üblichen Aufbau mit Erker und Risaliten, auch in der ornamentalen Ausbildung fand er zu einer für die Berliner Architektur völlig neuartigen plastischen Wirkung.

Das 1913 fertig gestellte vornehme Mietshaus lag nicht weit entfernt vom „Knie", in einer der damals exklusivsten Gegenden Charlottenburgs. Von Vogdt hatte der Bau großbürgerliche Komfortwohnungen erhalten, die mit zehn Zimmern bis zu 506 Quadratmeter Wohnfläche umfassten. Durch die atypische Mittelflügelbauweise war auch die Hausseite zur Schillerstraße als sichtbare Front zu gestalten; die Hauptfassade lag aber zur Hardenbergstraße. Ihre Wirkung erzielte sie allein durch eine symmetrische Fenstergliederung, wobei Taut ungewöhnlich große quadratische, vierflü-

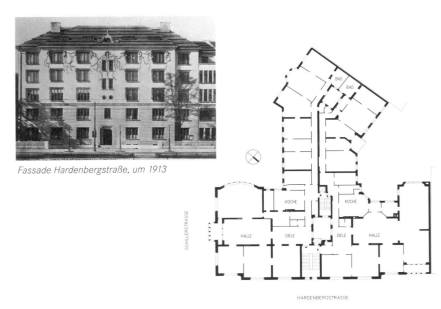

Fassade Hardenbergstraße, um 1913

SCHILLERSTRASSE

BAD
BAD

KÜCHE   KÜCHE

HALLE   DIELE   DIELE   HALLE

HARDENBERGSTRASSE

Grundriss 2. Obergeschoss

gelige Fenster ohne Sprossen und Kämpfer verwandte, die tief in der Laibung saßen. Eine einfache hellgraue Putzbänderung fasste die beiden unteren Geschosse zusammen, die oberen Etagen waren flächig weiß gehalten. Die eigenwilligen figürlichen, aus den Fensterlaibungen wuchernden Reliefs im obersten Geschoss waren vom Berliner Bildhauer Georg Kolbe gestaltet worden.

Die flächige balkon- und erkerlose Struktur, die Fensterform und die Putzarten sowie der freie Einbezug der Kunst Kolbes rücken dieses Gebäude in die Nähe der Wiener Mietshäuser von Otto Wagner. Auch die ungewöhnliche Form des abgetreppten Walmdaches findet sich in der Architektur Wagners wieder. Ein an die eleganten Pariser Wohnviertel erinnernder „Hauch von Feinheit und erlesener Wohnkultur lag über dem Ganzen."[2]

One of the most impressive apartment houses created by Bruno Taut in collaboration with Arthur Vogdt was this one, later destroyed during the War, in one of the most exclusive locations at that time in Charlottenburg. Here, Taut broke free not only from the traditional tripartite division of the façades and the usual structure with bay-windows and projecting structures; he also found a completely novel plastic effect in Berlin architecture in the ornamental development.

Due to the atypical middle-wing building manner, the house side facing Schillerstraße was also to be constructed as a visible front; the principal façade, however, faced Hardenbergstraße. Its effect was made exclusively by means of a symmetrical window arrangement, in which Taut used unusually large rectangular, four-winged windows without rungs or abutments, which were deeply set. A simple, light-grey stripe of plastering connected the two lower storeys; the upper storeys were flat and white. Georg Kolbe designed the figurative reliefs on the uppermost storey.

53

Mietshaus Tiergartenstraße | 1912-1913

Berlin-Tiergarten
Tiergartenstraße 34a

zerstört

mitbeteiligte Architekten
Franz Hoffmann
Arthur Vogdt
(Grundrisse und Ausführung)

Wohnform
12- bis 14-Zimmerwohnungen

Bauherr
Tiergartenhaus Grundstücksgesellschaft mbH

Straßenfassade, um 1915

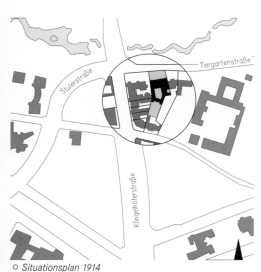

○ *Situationsplan 1914*

Um 1900 kam es zu einem erneuten Struk-
turwandel im südlichen Tiergartenviertel, einem seit dem frühen 18. Jahrhundert vornehmen Wohnquartier im alten Westen Berlins. Mehrgeschossige Verwaltungsgebäude
und größere Wohnhäuser verdrängten die
Villen und Stadtpalais. Das vom Bauunternehmer Arthur Vogdt für die „Tiergartenhaus Grundstücksgesellschaft" 1912-1913
ausgeführte Wohnhaus war Teil dieser
Entwicklung. Der kompakte Bau mit Seiten-
flügeln und Quergebäude um zwei Höfe
nahm ein verwinkelt geschnittenes Grundstück an der Tiergartenstraße ein und lag
damit direkt dem Tiergartenpark gegenüber.

Der repräsentativen Lage entsprachen
die eingerichteten Großwohnungen mit
zwölf bis vierzehn Zimmern, die Besserver-
dienenden jeglichen Komfort boten. Während die Grundrissgliederung von Vogdt
stammte, war Taut wieder für die Gestaltung des Vestibüls und für die Außenwir-
kung des Hauses verantwortlich, das damals noch frei stehend und etwas zurück-
gesetzt an einem Vorgarten lag. Mit Rücksicht auf die noble Umgebung, die von Bauten der Berliner Schinkelschule geprägt
war, wählte Taut eine klassizistische Gliederung, die er allerdings modern interpretier-
te. Zugleich suchte er auch hier der Front
ein dynamisches Moment zu geben: Er zog
die Schauseite mit dezent konkavem
Schwung zurück und spannte sie mit bau-
chig vorgezogenen Seitenerkern ein, wo-

Vestibül, um 1915

TIERGARTENSTRASSE

Grundriss 1.- 2. Obergeschoss

durch sich eine leichte Wellenbewegung ergab. Ein Portal nahm gewichtig die Mitte ein. Zusammen mit der Vorfahrt entstand eine großzügige Eingangssituation, die den Naturraum des Tiergartens einbezog. Wenig Schmuck, das Sockelgeschoss mit Werksteinquader, die Fenster groß und sprossenlos – all dies passte ausgezeichnet zum eleganten Flair des Hauses, das sich auch im Inneren im repräsentativen Marmorvestibül zeigte. Das Gebäude fiel den großflächigen Kriegszerstörungen zum Opfer.

Around 1910 a structural change took place in the southern Tiergarten district. Multi-storey administration buildings and larger residential houses got the upper hand over villas and city palaces. The apartment house executed by Arthur Vogdt was part of this development.

The representative location corresponded to the furnished large apart-

ments. While the floor-plan arrangement was done by Vogdt, Taut was again responsible for the creation of the vestibule and the external effect of the house. Taut chose a classical arrangement - with consideration for the environment – which he nevertheless interpreted in a modern way. At the same time, he was looking for a chance to give the front side a dynamic moment. He pulled back the front side with a subtly concave curvature and inserted it with bulbous, protruding bay-windows on the side, from which a slight wave-like movement resulted. One portal completely occupied the centre. Very little ornamentation, the basement with freestone ashlar, the windows large and without rungs – all this fit in excellently with the elegant flair of the house, which could also be seen inside in the representative vestibule. The building fell victim to the destruction of the War.

Gartenstadt Falkenberg | 1913-1916

Berlin-Grünau
Akazienhof 1-26,
Gartenstadtweg 15-66, 68/
72, 74-99,
Am Falkenberg 118-120

erhalten

mitbeteiligte Architekten
Heinrich Tessenow
(Einzelhaus Am Falkenberg 119)
Ludwig Lesser
(Gartenarchitekt)

Eigentümer
Berliner Bau-und Wohnungsgenossenschaft von 1892 eG

Wohnform
129 Wohneinheiten, davon
48 Geschosswohnungen und
81 Einfamilienhäuser (77 Reihenhäuser, 2 Doppelhäuser)

Planung
Planungsbeginn 1911
Bebauungsplanung Bruno Taut

Bauabschnitte
I 1913
II 1914-1915
III 1915-1916

Bauherr
Gemeinnützige Baugenossen-
schaft Gartenvorstadt Groß-
Berlin eGmbH

**Veränderung /
Wiederherstellung**
1991-2002 denkmalgerechte
Wiederherstellung

Blick in den Akazienhof, 1913

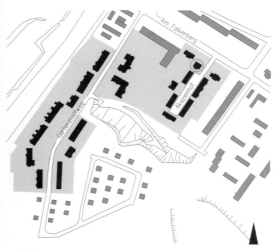

○ *H. Tessenow, Einzelhaus Am Falkenberg 119, 1913*

Die Gartenstadt Falkenberg zählt zu den genossenschaftlichen Siedlungsprojekten vor dem Ersten Weltkrieg, deren Ziel nicht allein in einer menschenwürdigen Versorgung der Großstadtbevölkerung mit gesundem Wohnraum sowie einem durchgrünten und sozial homogenen Lebensumfeld bestand. Sie verkörpert zudem den der Gartenstadtidee zugrunde liegenden lebensreformerischen Gedanken. Ihre Entstehung verdankt sie einer Initiative der „Deutschen Gartenstadt-Gesellschaft", deren Protagonisten Hans und Bernhard Kampffmeyer, Adolf Otto, Hermann Salomon und Albert Kohn der eigens hierfür gegründeten Fal-

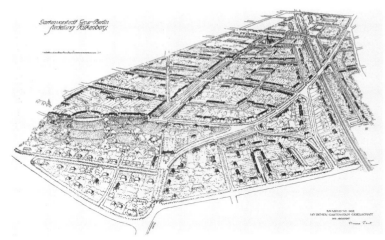

Bebauungsplan für das Gesamtgelände, Bruno Taut, 1913

kenberger Baugenossenschaft vorstanden. Leitbild war ein Gemeinwesen, in dem ohne Klassenschranken auf einer genossenschaftlichen Basis zusammengelebt und der Lebensunterhalt im Idealfall gemeinsam im Handwerk, in der Landwirtschaft und der Industrie erarbeitet wird. Ähnlich wie bei den zur gleichen Zeit im Umkreis von Berlin gegründeten Genossenschaften – „Freie Scholle" in Tegel, „Ideal" in Neukölln, „Paradies" in Bohnsdorf – war die Bekämpfung des Berliner Mietskasernenelends das vordergründige Ziel des Siedlungsprojektes Falkenberg.

Die Siedlung ist eines der wichtigsten Frühwerke von Bruno Taut, von ihr ging eine nachhaltige Wirkung auf Architektur- und Städtebaudiskussionen aus. Der von Taut 1912 geschaffene visionäre Falkenberger Gartenstadtplan für 7.500 Bewohner konnte aufgrund des Krieges nur bis 1916 in zwei kleineren Fragmenten – Am Akazienhof und Gartenstadtweg – realisiert werden. Der erste Bauabschnitt 1913, ein intimer Wohnhof mit einer angerförmigen Gemeinschaftsanlage um eine kurze Stichstraße („Akazienhof") besteht aus insgesamt 34 Wohneinheiten, die sich auf Einfamilienreihenhäuser sowie Wohnungen im Mehrfamilienhausbau und in jeweils einem Doppelwohnhaus und einem Einzelhaus verteilen. Die eigentliche Hofbebauung mit zu Gruppen zusammengefassten Kleinhäusern be-

The "Gartenstadt Falkenberg" (Garden City Falkenberg) counts as one of the pre-World War I co-operative housing projects whose principal goal was to fight against the misery of Berlin's tenements. Because of the War, Taut's Falkenberg Garden City plan for 7500 inhabitants could only be realized in two smaller fragments until 1916. The first phase of construction was an intimate residential courtyard with a meadow-like community layout around a small lane, comprising 34 living units altogether. These were divided into single-family row-houses and apartments in an apartment house building, and into one duplex and single house respectively.

Twelve standardized house groups accompany the ascent to the Falkenberg Plateau in the second construction phase. Two-storey dwellings housing several families are mixed with one- and two-storey single-family row-houses.

In Falkenberg, Taut tried out colour combinations and their effects in the context of a standardized housing development layout – doors, windows, collapsible shutters, balconies and cornices were colour-carriers for the first time.

The Garden City Falkenberg has been designated for inclusion on the UNESCO list of World Cultural and Natural Legacies.

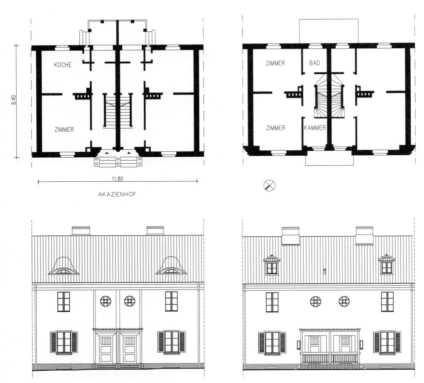

Akazienhof, Reihenhaustyp III, oben Erd- und Obergeschoss, unten Straßen- und Gartenseite

Akazienhof, Westseite, 2003

ginnt aber erst im Hinterland. Zwei villenartige Gebäude (das von Heinrich Tessenow als sein einziger Siedlungsbeitrag entworfene „Haus Otto" und ein Doppelwohnhaus von Taut) rahmen den Hofeingang.

Im zweiten Bauabschnitt begleiten zwölf typisierte Hausgruppen den Anstieg des Gartenstadtwegs auf das Plateau des Falkenbergs, wobei sich zweigeschossige Mehrfamilienhäuser mit ein- und zweigeschossigen Einfamilienhausreihen mischen. Taut nutzte das hügelige Terrain, um den Straßenraum zu einem organisch wirkenden Siedlungsbild aufzulockern. Durch die Tiefenlage der Straße ergeben sich beiderseits mehrfach terrassierte Hanglagen, die mit ihren Treppen, Betonmauern und Vorgärten maßgeblich das Bild bestimmen. Die Hausreihen erscheinen von der Straße abgesondert und liegen zugleich im Grün der Vor- und Nachbargärten eingebettet.

Akazienhof 6, Mehrfamilienhaus, 2004

Tauts Falkenberger Gartenstadtplan wies auf die großen Berliner Siedlungen der Weimarer Zeit voraus. In der seriellen Reihung von Haustypen, in der Schaffung von kommunikativen Erlebnis- und solidarischen Identifikationsräumen, in der sachlichen Reduktion der Hauskörper auf fein abgestimmte Proportionen und in der farbigen Gliederung der Fassaden kündigten sich die Prinzipien des neuen Siedlungsbaues an. Enormes Aufsehen erlangte bereits kurz nach der Fertigstellung der Gartenstadt das Bemühen Tauts, Farbe als elementares Gestaltungsmittel in den Siedlungsbau einzuführen. In Falkenberg erprobte er Farbkombinationen und ihre Wirkungen im Kontext einer typisierten Siedlungsanlage – Türen, Fenster, Klappläden, Balkone und Gesimse wurden erstmals Farbträger.

Akazienhof 2-3, 2004

Die Farbe sollte nicht nur der vitalen Lebensauffassung der Genossenschaft Ausdruck verleihen, sondern zugleich den aus Sparsamkeitsgründen in Typenbauweise errichteten Häusern größtmögliche Individualität verleihen. Belege dafür sind die hausweise wechselnden Anstriche und die abstrakten Muster der Bemalungen der Mehrfamilienhäuser am Gartenstadtweg. Hier löste sich Taut radikal von jeglichem Farbschema und den gewohnten Sehweisen. Er kombinierte unabhängig von der Reihungsart und vom Wechsel der Haustypen 14 ver-

Akazienhof 1-6, 2004

Am Falkenberg 118, 2004

GARTENSTADTWEG

Gartenstadtweg 29-33, Mehrfamilienhaus, Straßenansicht, Grundriss Erdgeschoss

Gartenstadtweg 29-33, vor und nach der Instandsetzung, 1999 und 2002

schiedene Farbtöne untereinander. Es zeichneten sich analog zu den städtebaulichen Raumbildungen abgestimmte Farbräume ab, wie sie später in den Berliner Siedlungen Tauts wiederzufinden sind. Infolge der provokativen Farbenpracht ist die Gartenstadt im Volksmund bald auf den Namen „Tuschkastensiedlung" getauft worden. Allen Häusern ist neben einem individuellen Farbanstrich die Verwendung gleicher Gestaltungselemente gemein: ein lebendiger, kreuzweise gestrichener Putz, rote Biberschwanzdächer in Kronendeckung bei gleicher Dachneigung, hoch rechteckige Sprossenfenster und weiß gestrichene Schornsteine. Hölzerne Elemente, wie Klappläden, Pergolen an den Hauseingängen, Bretter- und Jalousieläden, Nutz- und Zierspaliere betonen den ländlichen Gartenstadtcharakter. Sie sind mit dafür verantwortlich, dass die Gartenstadt Falkenberg trotz ihres fragmentarischen Zustands für die Harmonie zwischen Architektur und Städtebau gerühmt wird.

Mit der 1991 eingeleiteten denkmalpflegerischen Erneuerung und Sanierung, die 2002 ihren Abschluss fand, konnte den Siedlungshäusern ihre architektonische Qualität zurückgegeben werden. Neben der Instandsetzung oder Nachbildung der Fenster, Dächer, Gauben, Fensterläden, Türen, Schornsteinköpfe, Spaliere, Pergolen, Hauslauben und Gartenzäune galt die besondere Aufmerksamkeit der Denkmalpfleger der Zurückgewinnung der ursprünglichen Putzart und der Mineralfarbenanstriche sowie der abstrakten Fassadenmalereien. Die Gartenstadt Falkenberg ist als eine von sechs ausgewählten Berliner Siedlungen für die Eintragung in die UNESCO-Liste des Kultur- und Naturerbes der Welt vorgesehen.

Gartenstadtweg 16-30, 2004

Gartenstadtweg 84-86, 1996

Gartenstadtweg 29, 2002

Ledigenheim der Siedlung Lindenhof | 1920

Berlin-Schöneberg
Arnulfstraße, Ecke Domnauer
Straße

zerstört

mitbeteiligte Künstler
Franz Mutzenbecher,
Paul Gösch (Malerei)
Gottlieb Elster
(Bildhauerarbeiten)

Bauherr
Bezirksamt Schöneberg

Straßen- und Gartenfassade, 1928

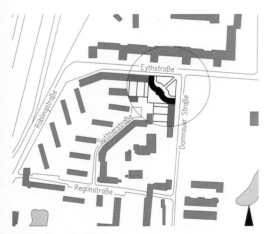

○ *Situationsplan 1921*

Bevor Taut nach Magdeburg ging, erhielt er 1919 den Auftrag, für die nach Plänen von Martin Wagner angelegte Lindenhof-Siedlung ein Ledigenwohnheim zu entwerfen. Wagner hatte in seiner Funktion als Schöneberger Stadtbaurat für das Gelände am Verschiebebahnhof Tempelhof eine gartenstadtähnliche Kleinhaussiedlung mit Ein- und Vierfamilienwohnhäusern von 1919 bis 1921 realisieren lassen. Im Norden des Areals war ein Eckgrundstück für ein Wohnheim freigehalten worden, das für die Alleinstehenden der Siedlung und der umliegenden Fabriken gedacht war und auch Gemeinschaftsräume aufnehmen sollte. Taut entwarf eine mehrfach geschwungene symmetrische Anlage, die mit mächtiger viergeschossiger Front genau die Mittelachse der Ecke besetzte. Beidseitig schlossen sich niedrige Siedlungshäuser an, so dass der Bau der Siedlung einen architektonischen Abschluss gab. Zugleich bildete er mit einer mittigen Durchfahrt den repräsentativen Haupteingang der Siedlung.

Mit einer an mittelalterliche Stadtbefestigungen und Burganlagen erinnernden Symbolik – vor allem die runden Treppentürme mit spitzen Helmen und die abweisenden

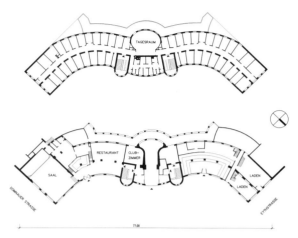

Grundriss Erdgeschoss und 1.-2 Obergeschoss

Putzfronten ließen dies anklingen – war das Haus unübersehbar der genossenschaftliche Zentralbau, der mit vielfältigen Gemeinschaftseinrichtungen zum sozialen Mittelpunkt wurde. Im Erdgeschoss befanden sich Konsumläden, ein Restaurant, ein großer Festsaal für Theater- und Kinovorstellungen und ein Clubzimmer, in den oberen Etagen gab es für Frauen und Männer etwa 120 kleine Wohnräume mit separaten Sanitäreinrichtungen sowie große ovale Tagesräume.

Ein Gegengewicht zum Wehrhaften des Heimes setzte der spielerische Schwung der Fronten in Form eines doppelten S. Die umarmende Geste, die das solidarische Prinzip der Siedlergenossenschaft symbolisieren sollte, kehrt wenig später in den Siedlungsanlagen Tauts wieder. Zudem nahm Taut entwurflich die Idee eines Volkshauses als Teil eines ganzheitlichen Genossenschaftsideals auf. Wenn das Haus diesen Anspruch auch später nicht erfüllte, so waren doch wenigstens die baulichen Voraussetzungen geschaffen worden. Zum ganzheitlichen Ideal passte der direkte Bezug zur Kunst. Taut gewann die Maler Franz Mutzenbecher und Paul Gösch sowie den Bildhauer Gottlieb Elster für die farbige und plastische Ausgestaltung von Festsaal und Clubraum. Sie schufen größtenteils direkt aufgetragene abstrakte Wand- und Deckenskulpturen in kräftigen Farben.

Das 1943 durch Fliegerbomben zerstörte Haus wurde nach dem Krieg nicht wieder aufgebaut.

In 1919 Taut was commissioned to design a residential home for unmarried people, according to the plans of the Schöneberg Municipal Building Councillor Martin Wagner for the Lindenhof development. A corner piece of property had been reserved for this in the northern part of the area; Taut built upon it with a multiply curved, symmetrical design, broadly laid out and with a mighty, four-storey front. Low houses were attached on both sides, so that the construction of the development would be architectonically rounded off, but also forming an appropriate main entrance with its concentric thoroughfare.

The house was unmistakeably the cooperative central building, with symbolism reminiscent of medieval fortresses. It became the social focal point of the development, with many community facilities.

Taut was able to engage the painters Franz Mutzenbecher and Paul Gösch, as well as the sculptor Gottlieb Elster to create the colour and plastic formation for the festival hall and the club room. In powerful colours, they created for the most part abstract sculptures directly applied onto the walls and ceilings.

The house was destroyed by bombs in 1943 and never rebuilt after the War.

Courier-Siedlung Eichwalde | 1923-1926

Eichwalde, Landkreis Dahme-
Spreewald, Waldstraße 129-145

verändert erhalten

Eigentümer
privat

Wohnform
36 Wohneinheiten
(20 Geschosswohnungen,
16 Einfamlienhäuser)

Planung
Bebauungsplanung Bruno Taut

Bauabschnitte
I 1923-1924
II 1925-1926

Bauherr
Verlagsanstalt „Courier" des
Deutschen Verkehrsbundes
zu Berlin

**Veränderung /
Wiederherstellung**
kriegszerstört Mehrfamilienhäuser Waldstr. 129-131

Wohnhof an der Waldstraße, um 1927

Die kleine Gewerkschaftssiedlung liegt an der Waldstraße, inmitten eines amorphen Einfamilienhausgebietes am nördlichen Rand der Gemeinde Eichwalde. Bruno Taut entwarf sie für die Angestellten und Arbeiter der Verlagsanstalt „Courier" des Deutschen Verkehrsbundes zu Berlin. Die wenigen Siedlungshäuser, die in zwei Etappen von 1923 bis 1926 errichtet wurden, konnten dem für Landhausbau reservierten Gemeindegebiet keine prägende Gestalt geben. Der ausgeführte Abschnitt vermittelt jedoch klar die soziale Intention Tauts. Auch hier galt es, für Geringverdienende billigen Wohnraum in Form von Kleinwohnungen oder sparsamen Eigenheimen auf Siedlerstellen zu schaffen. Außerdem sollten zu jeder Wohnform ein Haus- oder Mietergarten sowie Kleintierstallungen zur Selbstversorgung gehören. Taut hatte bereits 1912 für die Landgemeinde Eichwalde einen nicht ausgeführten weiträumigen Gartenstadtplan vorgelegt, der allerdings das weiter südlich gelegene, zentrale Gemeindegebiet zwischen dem Bahnhof Eichwalde und dem Zeuthener See betraf.

Der ländliche Siedlungscharakter zeigt sich vor allem beim Blick von der Waldstraße

Wohnhof an der Waldstr., Straßenseite, 2004

Wohnhof an der Waldstr., Gartenseite, 2004

in die Stichstraße mit den begleitenden Einzel- und Doppelwohnhäusern. Die Typenhäuser mit rückwärtigen Stallanbauten gehören zum ersten Bauabschnitt, der 1923 begonnen worden war. Gänzlich anders zeigt sich der direkt daneben liegende eigentliche Hauptbau der Siedlung aus den Jahren 1925-1926. Die winkelförmige Miethausgruppe mit Kleinwohnungen, die alle Bäder und Balkone aufweisen, ist allerdings aufgrund von Kriegszerstörung nur noch der Rest einer ehemals U-förmigen Wohnanlage mit spiegelbildlichen Flügeln. Vom gemeinschaftsbildenden „Ehrenhof" hat sich der risalitartig betonte Querbau mit breitem Durchgang erhalten, der mit der blauen Aufschrift „Siedlung" gekennzeichnet ist. Der Durchlass führt zu den rückwärtigen Gärten und Ställen, die jedem Mieter noch heute zur Verfügung stehen.

In den zwei Siedlungsteilen spiegelns sich die beiden gegensätzlichen wohnungsreformerischen Ansätze Tauts wider: die außerhalb der Stadt liegende gartenstadtähnliche Kleinhaussiedlung und die mehrgeschossige Mehrfamilienwohnanlage mit gut ausgestatteten, bezahlbaren Wohnungen. Überdies vermittelt die etwas später angelegte Gartenanlage des Hofes noch heute etwas von der einstigen Siedlungsidylle. Zu dem axialen, auf den Durchgang zuführenden Weg gehört ein kleines Rondell mit Kunststeinbänken, das die gemeinschaftliche Mitte der gewerkschaftlichen Wohnanlage bildet.

Während die privatisierten Kleinhäuser des ersten Siedlungsteiles durch eine neue Farbgestaltung und neue Fenster- und Türeinbauten stark verändert sind, haben sich die nicht kriegszerstörten Mehrfamilienhäuser des Wohnhofs besser erhalten. Viele der originalen Ausstattungsstücke wie Fenster, Türen und Beschläge sind noch vorhanden. Eine denkmalgerechte Instandsetzung ist bisher nicht erfolgt.

The small union development is located in the midst of a single-family housing area on the northern edge of the community Eichwalde. Bruno Taut designed it for the employees and workers of the publishing establishment "Courier" of the German Traffic Association in Berlin. The few houses that were constructed in two phases from 1923 until 1926 were not able to give the area a distinctive character.

The standardised single and double residential houses belong to the first building phase. With their broad, sweeping protruding windows, saddleback roofs and runged windows, they are related to the traditional development house. The actual main building of the development built in 1925-1926, however, located directly next door, is quite another thing. The angular formed apartment house group with small apartments (all with baths and balconies) is, since its destruction during the War, only the remainder of a formerly U-shaped housing development with mirror-image wings.

Thus the two parts of the development show both of Taut's opposing attempts at apartment-building reform: the Garden City-like small-house development and the multi-storey apartment building with well-equipped, affordable apartments.

65

Siedlung Freie Scholle in Trebbin | 1924-1926

Trebbin, Landkreis Teltow-Fläming
Höpfnerstraße 1-18

erhalten

Eigentümer
Gemeinn. Wohnungsgenoss.
„Freie Scholle" Trebbin e. G.

Wohnform
16 Wohneinheiten in Zweifami-
lienhäusern (4 Doppelhäuser)

Planung
Bebauungsplanung 1924
Bruno Taut

Bauherr
Gemeinn. Siedlungsgenoss.
„Freie Scholle" Trebbin eGmbH

**Veränderung /
Wiederherstellung**
2001-2002 denkmalgerechte
Wiederherstellung

Blick in die Höpfnerstraße, um 1925

Höpfnerstraße, 2004

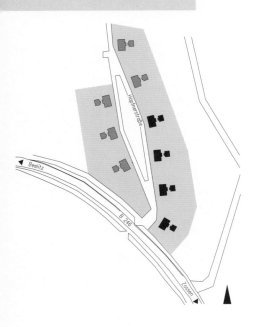

Die Siedlung „Freie Scholle" in Trebbin war das erste gemeinsame Projekt der GEHAG und ihres Chefarchitekten Bruno Taut. Dieser hatte zuvor sein Amt als Stadtbaurat von Magdeburg aufgegeben. Die Kooperation zwischen der Trebbiner Baugenossenschaft „Freie Scholle" und der GEHAG stellte den Beginn der Zusammenarbeit kleinerer Baugenossenschaften mit der GEHAG dar, die von ihr bei Bauvorhaben betreut wurden.

Die Genossenschaft hatte 1924, im Jahr ihrer Gründung, weit außerhalb Trebbins und in der Nähe der Landstraße Berlin-Zossen Baugelände für eine Kleinhaussiedlung erworben. Hierfür erarbeitete Bruno Taut einen Siedlungsplan, der die Errichtung von elf Doppelhäusern einheitlichen Typs vorsah. Nach seinen Entwürfen konnten nur vier Gebäude noch unter direkter Beteiligung der GEHAG ausgeführt werden. Fünf weitere Doppelhäuser wurden nach 1926 in Abänderung der Tautschen Entwürfe realisiert. Sie unterlagen der Betreuung durch die Märkische Wohnungsbau GmbH, einer Tochter der GEHAG.

Im Trebbiner Siedlungsplan spiegelt sich Tauts zuvor in visionären Schriften dargelegte

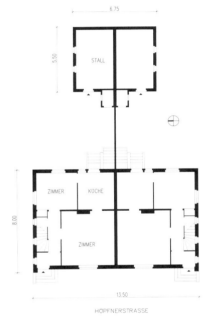

Doppelhaus, Ansicht, Grundriss Erdgeschoss

Idealvorstellung einer ländlichen Arbeits- und Lebensgemeinschaft wider. Der Bebauungsplan greift den Gedanken einer genossenschaftlichen Lebensweise in der Form eines märkischen Angerdorfes auf, sollte doch nach Tauts Verständnis „bei Genossenschaftsbauten (...) der Wille der Gesamtheit erspürt werden."[1] So gruppierte er Typenbauten, sparsame Siedlerhäuser mit Stall und Garten zur Selbstversorgung, um den Anger.

Sicherlich auch aus wirtschaftlichen Gründen entwickelte Taut für Trebbin nur einen Doppelhaustyp mit Satteldach, der dann allerdings je Haus in zwei Wohnungen mit Stube, Kammer und Küche aufgeteilt

wurde. Zusätzlich versah er das ausgebaute Steildach zur besseren Ausnutzung mit einem Kniestock. Einen gestalterischen Akzent setzten die in den Gebäudeecken angeordneten Hauseingänge mit verklinkerten Mauervorlagen sowie verschiedenfarbig gefassten Türen. Außerdem besaßen die Fassaden einen eingefärbten Putz. Zu jedem Haus gehörte ein separates Stallgebäude, in dem auch die Toiletten lagen. Die hier ausgeführte Hausform mit teilausgebautem Dach hatte Prototypcharakter, sie kam bei späteren Kleinhaussiedlungen von Taut in abgewandelter Form erneut zur Anwendung.

In den Jahren 2001-2002 sind sämtliche Gebäude der Siedlung denkmalgerecht wiederhergestellt worden, so dass auch die unter direkter Beteiligung Tauts entstandenen vier Häuser ihre ursprüngliche Qualität zurückerhielten.

The Trebbiner housing development "Freie Scholle" was the first project with Bruno Taut as Chief Architect of the GEHAG.

The development planned to construct eleven duplexes of a unified type. However, only four houses in direct participation of the GEHAG were executed in accordance with Taut's sketches; five more duplexes were realized according to a revised original plan after 1926.

In the Trebbiner development plan, Taut's ideal conception of a rural working and living community is reflected. Thus he groups together standardized houses, frugal development houses with stalls and gardens for self-sufficiency around a meadow. Taut developed only one type of double house with a saddleback roof; this was then divided into two apartments per house with living room, bedroom and kitchen. The house entrances with brick masonry patterns, arranged in the corners of the houses, and doors with varying colours set a creative accent. The house form executed here with a partially developed roof had the character of a prototype; it appeared again in later small-house developments of Taut in modified form.

In 2001-02 all the houses of the development were restored as befits a monument.

Siedlung Schillerpark | 1924-1930

Berlin-Wedding
Bristolstraße, Dubliner Straße,
Corker Straße, Barfusstraße

erhalten

mitbeteiligte Architekten
Franz Hoffmann

Eigentümer
Berliner Bau- und Wohnungsgenossenschaft von 1892 eG

Wohnform
303 Geschosswohnungen

Planung
Bebauungs- und Freiraum-
planung Bruno Taut

Bauabschnitte
I 1924-1926
II 1927-1928
III 1929-1930

Bauherr
Berliner Bau- und Sparverein

**Veränderung /
Wiederherstellung**
1951 Wiederaufbau Eckhaus
Bristolstraße 1 von Max Taut
1953-1959 Erweiterung von
Hans Hoffmann
ab 1991 denkmalgerechte
Wiederherstellung

Bristolstraße, BA I, um 1929

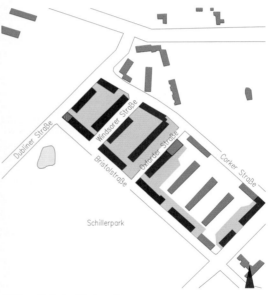

veränderter Wiederaufbau

Die Siedlung Schillerpark ist nach dem Ersten Weltkrieg und der Inflation das erste
baugenossenschaftliche großstädtische
Wohnprojekt Berlins, das in idealtypischer
Weise alle Merkmale des Neuen Bauens
aufweist. Bereits 1914 hatte der „Berliner
Spar- und Bauverein" für das Gelände am
Weddinger Schillerpark ein Wohnprojekt
entwickelt, das aufgrund des Krieges zu-
rückgestellt werden musste. Für die Neu-
planung des Areals wurde 1924 Bruno Taut
beauftragt, der über sein Engagement für

Windsorer Str., Blick auf die Hoffassade Corker Str. 25-29, BA II, um 1930

die Gartenstadt Falkenberg mit dem Bauverein verbunden war. Nun bot sich für Taut erstmals die Chance, unter den Bedingungen der neuen Berliner Bauordnung und des Fördersystems der Hauszinssteuer eine soziale Wohnsiedlung nach modernen Städtebauvorstellungen zu entwickeln. Das Neue Berlin, wie es Stadtbaurat Martin Wagner verkündet hatte, sollte sich in unkonventionellen, flach gedeckten Siedlungshäusern mit hinterhoffreien Wohnungen kundtun, eingebettet in gemeinschaftliche Grünflächen.

Modernes Leitbild waren Wohnungen für jede Einkommensschicht bei gleichem Standard und unterschiedlichen Größen, mit separaten Bädern, Küchen und großzügigen, zur Sonne orientierten Loggien und Balkonen. Hinzu kam eine moderne Architektur, die den Grundrissaufbau widerspiegelt und Vorder- und Rückseiten ohne Hierarchie behandelt – kurz: eine neue Baukunst, eine „neue Volkswohnung", wie sie von Taut selbst bei der Grundsteinlegung zur Siedlung „Schillerpark" propagiert wurde.[1]

Am anschaulichsten zeigt sich das neuartige Städtebau- und Wohnkonzept bei den zwei Baublöcken zwischen Dubliner

The Schillerpark development is the first cooperative building society apartment project in Berlin that brings together all the typical characteristics of the New Architecture in an ideal manner. This is shown most transparently in the two housing blocks between Dubliner Straße and Oxforder Straße, completed during the first two building phases. The last phase, southeast of Oxforder Straße, remained unfinished due to the worldwide economic depression.

Without precisely following the block angle, Taut grouped three-storey rows around peaceful gardens, connecting an open building on the edge with elements of row building.

Unusual expressionistic details, such as the iron-concrete pillars extended almost up to the eavestrough, are in harmony with the cubistic strictness of the New Architecture. The development was damaged during the War; the houses have only been repaired, as monuments, since 1991.

The Schillerpark development has been designated for inclusion on the UNESCO list of World Cultural and Natural Legacies.

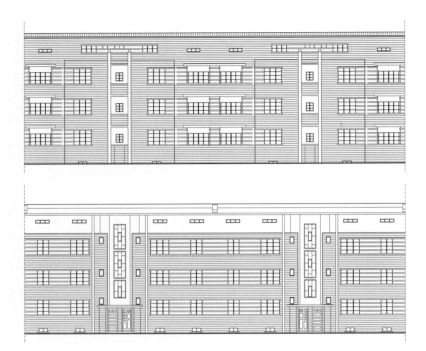

Straßen- und Hofansicht, BA I

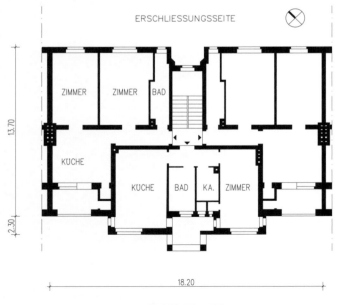

Grundriss Dreispännertyp, BA I Bristolstraße

und Oxforder Straße, die die beiden ersten Bauabschnitte von 1924 bis 1928 umfassen. Die letzte Etappe südöstlich der Oxforder Straße blieb aufgrund der Weltwirtschaftskrise mit lediglich vier Blockrandzeilen unvollendet; hier kam es erst in den 1950er Jahren mit Zeilenbauten von Hans Hoffmann zu einer Verdichtung.

Ohne der Blockkante präzise zu folgen, gruppierte Taut dreigeschossige Zeilen um ruhige Gartenhöfe und verknüpfte so in geschickter Weise eine offene Blockrandbebauung mit Elementen des Zeilenbaus. Dank der Lücken in den Randzeilen erlangen die Höfe, in denen auch zum Teil die Treppenhäuser liegen, einen halböffentlichen, intimen Charakter. Sie können durch in Klinkermauern und gemauerte Müllhäuser eingelassene Tore abgesperrt werden, so dass sich der genossenschaftliche Aspekt der Siedlung in der geschlossenen Form des Hofes mitteilt.

Bereits im Städtebau nahm Taut Bezug zur modernen Architektur Hollands, wie zum Beispiel zu den Siedlungsbauten von Jacobus Johannes Pieter Oud. Auch seine

Barfusstraße 27-31, Hofseite, um 1930

dreigeschossigen Siedlungshäuser mit dem roten Ziegelverblendmauerwerk, den Flachdächern und der plastischen Durchbildung der Fassaden mit Loggien und Balkonen sind der Amsterdamer Schule verbunden. Vor allem die zuerst erbauten Gebäude an der Bristolstraße, die mit zahlreichen Vor- und Rücksprüngen und dem bewegten Wechsel von Loggien und Hauslauben einen kontrastreich entwickelten Materialstil zeigen, erinnern an das holländische Vorbild. Ungewöhnliche expressionistische Details, wie die fast bis zur Traufe mit spitzen Aufsätzen durchlaufenden Eisenbetonstützen, die den Hauslauben Halt geben, verstand Taut in Einklang mit der kubischen Strenge des Neuen Bauens zu bringen.

In der Abfolge der Bauabschnitte kam es allerdings, wohl auch aus wirtschaftlichen Gründen, zu einer Vereinfachung der Formen. Bei der unvollständig gebliebenen dritten Etappe zwischen Barfus- und Oxforder Straße fehlen die von Betonstützen gehaltenen Hauslauben sowie die blau und weiß abgesetzten Putzflächen der Treppenhäuser und Drempelgeschosse der Eingangsfronten. Die durchweg verblendeten Ziegelfassaden sind bei diesen zuletzt ent-

Windsorer Straße 4-10, Hofseite, 2003

Corker Straße 33-35, BA II, Hofansicht, 1995

Oxforder Straße 3-11, Hofseite, BA I/II, 2004

standenen Zeilen sehr viel sachlicher gehalten. Lediglich die Fenster werden mit einer Ziegelrahmung aus großen dunkelvioletten Steinen hervorgehoben.

Die Fassadengliederung ist konsequent aus dem funktionellen Aufbau der Wohnungen entwickelt, die mit ihren Loggien, Hauslauben oder Balkonen dem Sonnenlauf zugewandt nach Südosten oder Südwesten orientiert sind. So sind im ersten Bauabschnitt die Hauslauben mit den Betonstützen den Loggien der 1,5 Zimmer großen Mittelwohnungen der Dreispännerhäuser vorgelagert. Hier ist die kleinste Wohnzelle als Ganzes risalitartig vorgezogen, um durch seitliche Fenster die ungünstige Querbelüftung bei dieser Bauweise zu mildern. Bei den folgenden Bauetappen fehlt der Mittelbau, da die Wohnungsfürsorgegesellschaft ab 1925 nur noch Wohnungen in Zweispännerhäusern förderte.

Die Wohnsiedlung blieb von Kriegsschäden nicht verschont, welche vor allem beim Block Bristolstraße 1-5 vorhanden waren. Hier stand der Wiederaufbau 1951 unter der Leitung von Max Taut, der das Endhaus an der Ecke zur Dubliner Straße um ein Geschoss erhöhen ließ. Zu einer denkmalgerechten Instandsetzung kam es erst ab 1991, sie währt gegenwärtig fort. Das denkmalpflegerische Konzept sieht auch eine einheitliche, von den Mietern gewünschte Verglasung der Loggien vor. Bis auf den Block Barfusstraße 23-25 sind alle Bauteile nach originalem Vorbild wiederhergestellt worden, wobei eine Rekonstruktion der ehemals blauweißen Anstriche der Treppenhauseinschnitte und Drempelzonen erst später erfolgen soll. Die Siedlung Schillerpark ist als eine von sechs ausgewählten Berliner Siedlungen der 1920er Jahre für die Eintragung in die UNESCO-Liste des Kulturund Naturerbes der Welt vorgesehen.

Bristolstr. 3, vor der Instandsetzung, 1995

Bristolstr. 3, nach der Instandsetzung, 2004

Bristolstraße 13-17, Straßenseite, 2005

Streusiedlung Mahlsdorf | 1924-1931

Berlin-Mahlsdorf,
Mahlsdorf I: Umfeld
Hönower Straße
Mahlsdorf II: Umfeld
Frettchenweg

verändert erhalten

Eigentümer
privat

Blick in den Frettchenweg, um 1930

Wohnform
ca. 250 Einfamilienhäuser
(Einzel- u. Doppelhäuser)
bis 1931

Versorgungseinrichtung
Verwaltungsgebäude der
Genossenschaft,
Melanchthonstr. 63

Bauherr
Gemeinnützige Siedlungs-
genossenschaft Lichtenberger
Gartenheim eGmbH (LIGA)

**Veränderung /
Wiederherstellung**
1944 veränderter Wiederaufbau des Verwaltungsgebäudes,
denkmalgerechte Wiederherstellungen:
1994-1995 Dirschauer Str. 6,
1998 Frettchenweg 29/31

Auf Initiative der Gemeinde Lichtenberg sollte im Ortsteil Mahlsdorf eine Stadtrandsied-
lung nach gartenstadtähnlichem Modell entstehen. Nach der Aufteilung des Geländes in
zwei Siedlungsbereiche mit etwa 720 und
190 Parzellen und der Gründung der Baugenossenschaft LIGA entstanden 1921 die ersten Siedlungshäuser in Selbsthilfe.

1924 bat die Genossenschaft die DE-
WOG und deren Direktor Martin Wagner
und die GEHAG um Mithilfe bei der Betreuung des Vorhabens. Als Chefarchitekt der
GEHAG lieferte Bruno Taut Typenentwürfe
für die Siedlungshäuser. Zwischen 1924
und 1931 sind ca. 250 Grundstücke mit Typenhäusern von Taut bebaut worden. Neben einem Einzelhaustyp kam der von Taut
favorisierte Typ des Doppelhauses zur Ausführung. Es wurden durchweg eingeschos-
sige Häuser mit Sockelgeschoss und aus-
baufähigem Satteldach errichtet.

Taut bemängelte den architektonischen
und städtebaulichen Wildwuchs in der
Siedlung. Es gab für ihn zwei Mittel, „um
noch etwas Erfreuliches zu schaffen: einmal die Veränderung in der Stellung des
einzelnen Hauses (...), um den (...) Straßen
und Plätzen einen markanten Ausdruck zu
geben" und zum anderen, „um (...) eine
Ausgeglichenheit des Gesamtbildes zu erreichen, daß die einzelnen Bauten sämtlich
genau nach dem gleichen Typ errichtet
werden."[1] Sein korrigierender Eingriff in
bestehende Planungen läßt sich am Frettchenweg anschaulich nachvollziehen. Durch
das Vorziehen eines Hauses aus der Flucht
der übrigen Gebäude erhielt der Straßenzug einen markanten Raumabschluss. Das
Siedlerhaus fungiert nun als optischer End-
punkt, auch um seine Lage an einer sich

Doppelhaustyp, Straßenansicht, Grundriss Erdgeschoss

platzartig erweiternden Stelle besonders hervorzuheben.

In der Gestaltung der Häuser fallen besonders die vorgezogenen Hausecken für die giebelseitigen Eingänge mit ihren kräftigen Betongesimsen auf. Letztere waren konstruktiv notwendig und sind von Taut gestalterisch eingebunden worden. Über Hausecken und Fenster verlängert geben sie den Häusern eine lineare Betonung. Rahmende Ziegeleinfassungen dienen dem Schutz des Außenputzes und sind in Mahlsdorf wohl erstmalig zur Anwendung gekommen. Auch hier nutzte Taut die Farbe zur Differenzierung von Putzflächen und Bauelementen.

Die Siedlung zeigt heute ein sehr heterogenes Bild mit größtenteils stark veränderten Häusern. In den 1990er Jahren kam es zu einer denkmalpflegerischen Erneuerung von zwei Gebäuden in der Dirschauer Straße und am Frettchenweg. Seitdem heben sich die beiden Häuser deutlich vom amorphen Umfeld ab.

Frettchenweg 29, Giebelseite, 1998

From 1924 Bruno Taut delivered sketches for the Mahlsdorf development, begun in 1921. Over 250 properties had been built upon by 1931, most of them with standardized houses by Taut. Besides a single-house type, his favourite type of duplex was also built. They were all single-storey houses – no doubt for economical reasons – with basements and saddleback roofs capable of expansion. Particularly striking in the structure are

the protruding house corners for the gable-side entrances with their powerful concrete cornices. The latter were necessary for the construction and were creatively integrated by Taut. They give the houses a linear emphasis, extending over the house corners and windows. Framing brick enclosures served to protect the outer roughcasting and were probably used here for the first time.

Wohnanlage Weigandufer | 1925-1926

Berlin-Neukölln
Weigandufer 12-16,
Wildenbruchstraße 76-78

erhalten

Eigentümer
Gemeinnützige Heimstätten-
Aktiengesellschaft (GEHAG)

Wohnform
100 Geschosswohnungen

Bauherr
Gemeinnützige Heimstätten-,
Spar- und Bau-Aktiengesell-
schaft (GEHAG)

**Veränderung /
Wiederherstellung**
1952-1953 Wiederaufbau

Fassade Weigandufer, 2005

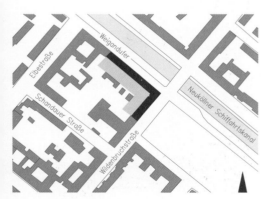

Die für den Arbeiterwohnbezirk Neukölln typischen Mietskasernen prägten das Stadt-
gebiet am Schifffahrtskanal. Dennoch waren etliche Grundstücke unbebaut geblieben – so auch im Bereich des um 1900 angelegten Wildenbruchplatzes. Am Weigandufer erwarb die GEHAG ein Eckgrundstück
in exponierter Lage zum Platz und zum Ka-
nal mit der Wildenbruchbrücke. Seitlich begrenzten Mietshäuser und eine Pumpsta-
tion von 1893 den L-förmigen Zuschnitt des
Areals, das nur eine geringe Tiefe besaß. So
waren die Möglichkeiten für eine aufgelok-
kerte Bauweise stark eingeschränkt, es bot
sich lediglich eine Schließung des Blockrandes gemäß der Bauordnung an.
Für Bruno Taut war es das erste inner-
städtische Projekt, bei dem er für eine Lük-
kenbauung eine zeitgemäße Lösung finden
musste, die sich von den grauen Miets-
hausfassaden des Umfeldes auch architektonisch abhob. Er nahm das Eckhaus etwas
zurück, ließ es in einem tiefblauen Farbton
leuchtend anstreichen und riss die Ecke mit
Loggien auf. Ein spitz ausladendes Betongesims weist auf die Eckläden hin. Direkt
hinter der Kanalbrücke gelegen, wirkte der
Bau damals dadurch weit in den Stadtraum

Weigandufer Ecke Wildenbruchstraße, um 1926

hinein – zumal die angrenzenden Häuser der Wohnanlage in einem hellen Kellenputz gehalten waren.

Mit diesem Kellenputz, den gerundet vorgezogenen Loggien, den Gesimsen aus Klinker, Putz und Beton sind die Gebäude noch der mehr expressiven, plastisch durchgestalteten frühen Architektur Tauts verpflichtet. Gliederndes Element der straßenseitigen Fassaden sind die modelliert ausgearbeiteten Hauseingänge und Loggien mit dunkelfarbig gefassten Rückwänden. Einen gestalterischen Wechsel zeigen die Mehrfamilienhäuser Weigandufer 12-13a. Ihre ebenen Fassaden kehren in der später ausgeführten Wohnanlage in der Ossastraße wieder. Allen Gebäuden gemein ist ein schmales Drempelband mit kleinen Bodenfenstern und Walmdächern, die für eine Einpassung in die Altbebauung sorgen.

Mit Ausnahme der Häuser Weigandufer 12-13a wurde die Wohnanlage im Krieg stark beschädigt. Der Wiederaufbau 1952-1953 orientierte sich am originalen Vorbild, so dass der Gesamteindruck der Anlage erhalten blieb. Nicht mehr vorhanden sind jedoch der Kellenputz und die expressive Farbigkeit, wodurch ein Großteil der städtebaulichen Wirkung der Häuser verloren ging.

This was Taut's first inner city building project; he had to find a contemporary solution to the problem of filling a gap that would stand out from the surrounding grey apartment-house façades. He placed the corner house back somewhat, had it painted deep blue and wrenched open the corner with verandas. A pointed, discharged concrete cornice indicates the shops.

With light plastering, rounded protruding verandas and cornices of brick, plaster and concrete, the bordering houses were still more reminiscent of Taut's earlier, more expressive, plastically designed architecture. The detailed, modelled house entrances and verandas with darkly coloured rear walls are an element of organisation of the street-side façades. A change in design is seen in the houses on Weigandufer 12-13a with their flat façades. All the buildings have a band on the narrow wall to increase the attic room, with small garret-windows and hip-roofs.

The development was greatly damaged during the War, with the exception of the houses on Weigandufer 12-13a. Their reconstruction is orientated on the original model. The roughcast plastering and expressive colours are no longer there.

Wohnanlage Trierer Straße | 1925-1926

Berlin-Weißensee
Trierer Straße 8/18

erhalten

Eigentümer
GEHAG

Wohnform
48 Geschosswohnungen

Bauherr
GEHAG

**Veränderung /
Wiederherstellung**
1938 Fassadenerneuerung
1963 Instandsetzung Fassade
1993-1994 denkmalgerechte
Wiederherstellung

Straßenfassade, um 1927

Gartenfassade, um 1927

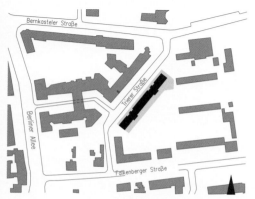

„Da alles seine Farbe hat, muß auch alles, was Menschen tun, farbig gestaltet sein."[1] Diesem Bekenntnis Tauts zum farbigen Bauen von 1925 folgte im gleichen Jahr ein wegen seiner expressiven Farbigkeit Aufsehen erregender Wohnbau an der Trierer Straße in Weißensee. Das GEHAG-Grundstück lag in einem Umfeld, das eine heterogene Struktur aufwies. Der Vorortcharakter mit niedriger Bebauung war zwar noch erkennbar, aber mehrgeschossige Mietskasernen waren 1914 bis in die Nähe der Trierer Straße vorgedrungen. Erste Ansätze zum Reformwohnungsbau konnte der Stadtbaurat von Weißensee, C. J. Bühring, mit einer Mietshausgruppe 1912-1914 verwirklichen. Diese lag dem von Taut zu bebauenden Grundstück gegenüber.

Für Taut bestand der Reiz der Bauaufgabe darin, eine zeitgemäße Antwort auf Bührings Wohnanlage zu finden. Neben einer architektonischen Ausbildung, die sich aus

Gartenfassade, 1998

dem Haus- und Grundrisstyp entwickelte, war es vor allem das provokative Farbkonzept für die Fassaden, das den lang gestreckten Randbau von der gegenüberliegenden Bebauung unterschied.

Taut unterteilte die Straßenfront in streifenförmig geschichtete, kontrastierende Farbbänder, die dem Geschossaufbau folgen. Über einem roten Ziegelsteinsockel liegt ein blaues Erdgeschossband, danach folgen die oberen Geschosse im Farbwechsel gelb, rot und wieder gelb, während das Drempelgeschoss in Weiß gehalten ist. Schmale Klinkerbänder trennen akkurat die Farbstreifen. Dazu kommen rot-weiß gefasste Treppenhausfenster mit Klinkerrahmung sowie flächig weiß gestrichene Hauseinheiten, die – in die Front eingeschnitten – die Farbbänderung unterbrechen. Dergestalt gibt der Farbaufbau den Wechsel der zwei Haustypen wider. Die drei breiteren Häuser mit der Bänderung haben 2,5-Zimmer-Wohnungen, die zwei weißen Häuser dazwischen nehmen den 1,5-Zimmer-Typ auf. Auch die Rückseite mit den Loggien und Balkonen hält sich in der Farbgebung an einen hausweisen Wechsel. Hier bekommt die Front je nach Haustyp einen roten oder gelben Anstrich. Davor sind konstrastie-

Taut's conception of colour for Trierer Straße remained unique in his work. Unlike his later Berlin projects, in which colour fulfilled a function having to do with aspects of town planning and city space, colour here has an original autonomy of its own.

Taut subdivided the street front into stripe-formed, layered bands of colour, following the storey structure. A blue ground-floor band lies above a red brick basement; then follows the upper storeys in yellow, red and yellow again. The attic floor is in white. Narrow brick bands separate the colour stripes. Then there are red-white enclosed staircase windows framed by red brick, as well as white-painted house units that interrupt the colour bands. Thus, the colour structure reflects the alternation of the two house types. The rear side, with verandas and balconies, also sticks to a colour alternation in tune with the house itself. The front is painted either red or white, according to the type of house.

The colours were cast aside by the National Socialists. Its original authenticity could only be regained with the restoration of the apartment block in 1993.

79

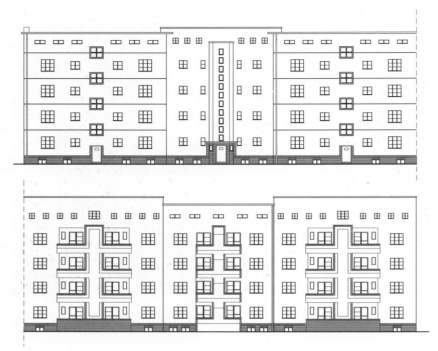

Straßen- und Gartenansicht

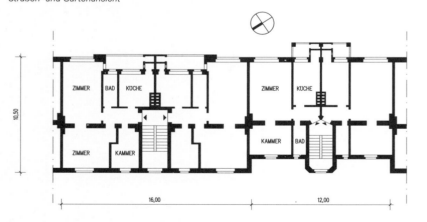

ZIMMER | BAD | KÜCHE

ZIMMER | KÜCHE

KAMMER | BAD

ZIMMER | KAMMER

10,50

16,00

12,00

1¹/²- und 2¹/²- Zimmerwohnungstyp

STRASSE

rend die Balkone und Loggien gesetzt, deren Kreuz- und T-Form rot-weiße und blau-weiße geometrische Muster bilden.

Tauts Farbkonzept für die Trierer Straße blieb innerhalb seines Werks einmalig. Im Gegensatz zu seinen späteren Berliner Projekten, bei denen die Farbe eine mehr städtebauliche, stadträumliche Funktion erfüllte, bekam sie hier eine eigenwillige Eigenständigkeit. Das stark leuchtende Farbenspiel folgt eher einer malerischen und naiven Komposition und soll Emotionen ausdrücken und stimulieren. Bereits in Magdeburg hatte Taut ähnliche horizontale Bemalungen vornehmen lassen.

Die expressive Farbigkeit der Wohnanlage empörte schon zur Zeit ihrer Erbauung die Öffentlichkeit. Dies führte dann unter den Nationalsozialisten zur Beseitigung der Farben – galt doch dieser Architekturstil als entartet. 1936 erhielten daher alle Fassaden einen monochrom gefassten Kratzputz. 1963 begannen erste Versuche, die Fassadenfarbigkeit zurückzugewinnen, wenn auch in freier Interpretation der Farbfolge. Erst mit der Wiederherstellung des Wohnblocks im Jahr 1993, die auch die originale Farbigkeit der Treppenhäuser im Inneren einschloss, konnte die ursprüngliche Authentizität der Häuser wiedergewonnen werden.

Straßenfassade, 1993

Treppenhaus, Farbrekonstruktion, 1998

Straßenfassade, 1998

Siedlung Eichkamp | 1925-1927

Berlin-Charlottenburg
Zikadenweg, Lärchenweg,
Waldschulallee, Am Vogelherd

verändert erhalten

Eigentümer
privat

Wohnform
42 Wohneinheiten, Ein-
und Zweifamilienhäuser
(Doppel- u. Einzelhäuser)

Bauherren
Eigenheimsiedler

**Veränderung /
Wiederherstellung**
seit den 70er Jahren
Modernisierungen

Zikadenweg, Stichstraße und Kreuzung Lärchenweg, um 1927

Die Siedlung Eichkamp ist die bedeutendste Kleinhaussiedlung im Berliner Westen, nicht zuletzt aufgrund ihrer Größe und der an ihrer Entstehung beteiligten Architekten. Für das am Grunewald-Forst gelegene Gelände hatte Max Taut, der mit seinem Bruder Bruno Taut und Franz Hoffmann eine Bürogemeinschaft unterhielt, bereits 1919 einen Bebauungsplan mit 1.700 Einfamilienhäusern für fast 10.000 Bewohner entworfen. Dieser Siedlungsplan setzte sich mit geraden Straßen und differenzierten Baukörperversetzungen deutlich von den romantischen Gartenstadtplanungen der Vorkriegszeit ab. Trotz zehnjähriger Bauzeit konnte das Vorhaben nur in Teilen realisiert werden. Das Ergebnis war geprägt durch die veränderten Bedingungen nach dem Ersten Weltkrieg sowie durch die vielen Bauherren mit ihren Architekten.

Nach Plänen von Bruno und Max Taut entstanden ab 1925 fast zeitgleich Eigenheime um den Zirkadenweg. In beiden Siedlungsteilen kamen hell verputzte Doppelhäuser mit Satteldach zur Ausführung; die Brüder Taut fanden aber eigenständige Lösungen im Städtebau und in der Ausgestaltung der Häuser.

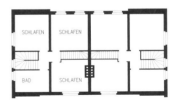

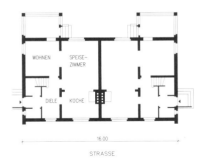

Doppelhaustyp, Grundriss Erd-, Obergeschoss

Die platzartige Erweiterung an Zikaden- und Lärchenweg bildet das Zentrum dieses Siedlungsbereiches. Bruno Taut nutzte die Platzsituation als stadträumlichen Übergang zu seinem Abschnitt am Zikadenweg, der aus kleineren Einfamiliendoppelhäusern und größeren Zweifamiliendoppelhäusern besteht. Geschickt setzte er die größeren Häuser traufständig in die zweite, von Stichstraßen erschlossene Reihe, während der kleinere Haustyp die Stichstraße vorn an der Bauflucht einfasst. Durch die versetzte Aufstellung trauf- und giebelständiger Häuser ergeben sich spannungsreiche Raumerweiterungen und -abschlüsse. Einfriedungen aus Holzlattenzäunen bilden Platz- und Straßenraum nach.

Architektur und Grundriss der Häuser spiegeln Tauts Streben nach der einfachen Form wider. Neben charakteristischen Merkmalen, wie Eckausbildungen in Ziegel sowie farbigen Türen und Klappläden, finden sich auch neuere Details, wie die über Eck gezogenen Fenster mit Pfeilern in Sichtmauerwerk. In der Grundrissteilung fand Taut zu ungewöhnlich individuellen Lösungen für eine Kleinhaussiedlung: Die Häuser besitzen einen richtigen Wintergarten, Speisezimmer und Küche sind teilweise ohne Zwischenwand miteinander verbunden.

Heute ist das Erscheinungsbild der gesamten Siedlung durch Modernisierungen und Wohnraumanbauten stark verändert. Eine Eintragung in die Denkmalliste erfolgte daher nicht.

Zikadenweg 72-74, 2005

Only very few small-house developments were built in the western part of Berlin during the 1920s. The Eichkamp housing development is the most important of these, due to its size and the architects involved in its construction.

Owner-occupied homes were built from 1925 around Zirkadenweg according to plans by Bruno and Max Taut.

The spatial extension on Zirkadenweg and Lärchenweg forms the core of this development area. Bruno Taut used the location as an urban-spatial transition to his section on Zirkadenweg, which consists of smaller single-family and larger two-family duplexes. He very skilfully placed the larger houses with their eaves into the second row, enclosed by dead-end streets, whilst the smaller type of house enclosed the street in front, on the alignment.

Todays appearance of the development is greatly altered due to individual modernisations by the owners.

Kleinhaussiedlung Johannisthal | 1925–1927

Berlin-Johannisthal,
Weststr. 1-14, 60-88

erhalten

Eigentümer
privat

Wohnform
44 Einfamilienhäuser
(Doppelhäuser, Reihenhäuser)

Bauherr
GEHAG

**Veränderung /
Wiederherstellung**
kriegszerstörte Häuser
Weststraße 5-10
ab 1995 denkmalgerechte
Wiederherstellung einzelner
Häuser

Blick in die Weststraße, um 1928

Weststraße Ecke Am Haselbusch, um 1928

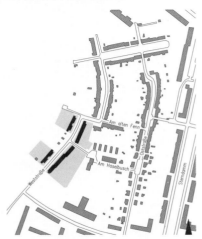

Die von Bruno Taut für Johannisthal entworfenen Einfamilienhäuser gehören zum letzten Bauabschnitt einer bereits 1919 begonnenen Kleinhaussiedlung. Der Bebauungsplan, von Bruno Ahrends damals im Auftrag der Baugesellschaft Berlin-Johannisthal erstellt, folgte noch den städtebaulichen Leitlinien einer Gartenstadt. Er sah für das Areal zwischen Königsheide und Sterndamm malerisch geschwungene Straßenzüge mit kleinen Plätzen vor, gesäumt von Doppel- und Reihenhäusern mit Walmdächern. Nach Ahrends Entwürfen konnten noch 1920 an der Oststraße 120 Einfamilienhäuser errichtet werden. Zeitgleich entstand südlich ein Siedlungsteil mit Holzhäusern der Firma Christoph & Unmack.

Die ambitionierte Siedlungsplanung konnte aufgrund der Entwicklungen der Nachkriegszeit in dieser Form nicht weitergeführt werden. Nach der Inflation wurde das Bauprogramm reduziert und vereinfacht. Die erste Erweiterung der Siedlung 1924-1925 umfasste 60 Einfamilienhäuser am Eibenweg; die Pläne stammten von den Architekten Engelmann & Fangmeyer. Ihre Häuser folgen der traditionellen Architektur des frühen Abschnittes von Ahrends. Mit

Weststraße 78-88, 2002

Weststraße 11-12, 2002

dem von Bruno Taut entworfenen Siedlungsteil, der unter der Bauherrenschaft der GEHAG stand, kam die Bautätigkeit in Johannisthal zu ihrem vorzeitigen Abschluss.

Ausgangspunkt für diesen Siedlungsbereich war der geschwungene Verlauf der Weststraße mit einer einmündenden Stichstraße. Taut entwarf für die östliche Straßenseite Reihenhauszeilen, die durch Staffelung und Stellung der Baukörper eigenständige Raumfiguren bilden. Dagegen setzte er auf der anderen Straßenseite in Gruppen zusammengefasste Doppelhäuser, die durch Stallanbauten miteinander verbunden sind. Durch das Gegenüber von Reihen- und Doppelhäusern ergibt sich ein abwechslungsreiches, lebhaftes Straßenbild.

Taut griff für Johannisthal auf einen bereits in anderen Kleinhaussiedlungen erprobten zweigeschossigen Haustyp mit Satteldach zurück. Diesen bildete er für jede Straßenseite architektonisch unterschiedlich aus, was seinem Siedlungteil noch mehr Eigenständigkeit verleiht. Dafür sorgen auch die Fassaden der Doppelhäuser, die sich mit von Klinkerbändern eingefassten Brüstungszonen hervorheben. Die ursprüngliche streifenartige Gestaltung, die im Verbund mit Klinkerbändern und Klinkerstreifen den Häusern ein geometrisches Muster gab, nahm selbst die dazwischen liegenden Ställe ein. Durch ihren dunkelfarbigen Putz entstand ein überaus kontrastreiches Siedlungsbild.

Alle Einfamilienhäuser befinden sich heute in Privatbesitz und sind nach 1995 sukzessive instandgesetzt worden. Nur einzelne Häuser sind gemäß ihrer ursprünglichen Form und Farbgebung denkmalpflegerisch erneuert worden.

The single-family houses designed by Bruno Taut for Johannisthal belong to the final construction phase of a small-house development already begun in 1919. The original building plan followed the town-planning guidelines of a Garden City, intending to include long, sweeping street blocks bordered by double- and row-houses with hip-roofs.

For his construction phase, Taut seized upon a type of two-storey house with saddleback roofs already tried out in other small-house developments. He had architectonically developed each house of this type differently for each street side. This lent his housing-development style greater autonomy. The façades of the duplexes, which stood out with their balustrades enclosed by red brick bands, also contributed to this. The stripe-like design of the brick bands and stripes, which gave the houses a geometric pattern, even extended to include the stalls lying in between. Thanks to their darkly coloured plastering, a development full of contrasts was achieved.

All of the single-family houses are privately owned today; since 1995 they have been successively restored, although only in certain cases from the standpoint of appropriate monument restoration.

Wohnanlage Leinestraße | 1925-1928

Berlin-Neukölln,
Leinestraße, Oderstraße,
Okerstraße, Lichtenrader
Straße

verändert erhalten

Eigentümer
Stadt und Land Wohnbauten-
Gesellschaft mbH

Wohnform
191 Geschosswohnungen

Bauabschnitte
I   1925-1926
II 1927-1928

Bauherr
Gemeinnützige Baugesell-
schaft Berlin-Ost

**Veränderung /
Wiederherstellung**
1951 Wiederaufbau
1996 Modernisierung

Leinestraße Ecke Oderstraße, Staffelung, um 1928

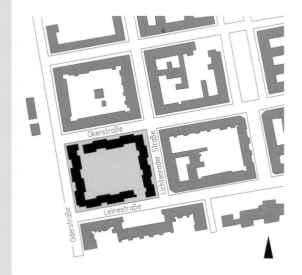

Luftbild, um 1928

Die einen Baublock umfassende Hausgruppe der Gemeinnützigen Baugesellschaft Berlin-Ost an der Leinestraße zählt zu Tauts bedeutendsten innerstädtischen Berliner Wohnanlagen der Weimarer Zeit. Wesentliche Gestaltungs- und Ordnungsprinzipien seiner Wohnungsprojekte erschließen sich hier. Ihre besondere Qualität wird auch im Vergleich mit den nahen, ebenfalls von Taut entworfenen Anlagen ersichtlich.

Die Stockwerkshäuser liegen im Neuköllner Wohnquartier Schillerpromenade, das zwischen 1905 und 1914 nach einem Bebauungsplan von 1890 zu einem gehobenen Viertel entwickelt worden war. Sein Grundriss bildete ein orthogonales Straßenraster mit dem städtebaulichen Kernstück der Schillerpromenade, die von der Genezarethkirche am Herrfurthplatz und der Preußischen Baugewerkschule städtebaulich geprägt wurde. Ein direkt ans Tempelhofer Feld angrenzender Randstreifen war jedoch unbebaut geblieben. Hier entstanden in den 1920er Jahren Wohnanlagen im sozialen Reformwohnungsbau, darunter auch die Häuser der Gemeinnützigen Baugesellschaft Berlin-Ost.

Bruno Taut entwarf für den quadratischen Baublock eine Randbebauung, die er

The multi-storey houses are located in the Neukölln residential area Schillerpromenade. Bruno Taut designed an edge building for the rectangular block on Leinestraße, which he opened with diagonal gaps facing opposite. It became a half-public arrangement that Taut formed into an unmistakeable living place for the residents, giving a real identity to their living quarters. The verdant, sunken inner area became an important element. The structure and formation of both the L-shaped building bodies were developed out of the building's floor-plan. Taut chose a type of house that he transplanted in alteration to the street and yard.

The distinguishing mark of the development is the precise use of yellow Sommerfeld bricks for verandas, basements, columns and cornices.

The housing development was considerably damaged during the War, the ruins partially torn down. The reconstruction from 1952 followed according to the original model. Taut's colour concept for façades and staircases was incorporated during the extensive modernisation measures taken in 1994-1996.

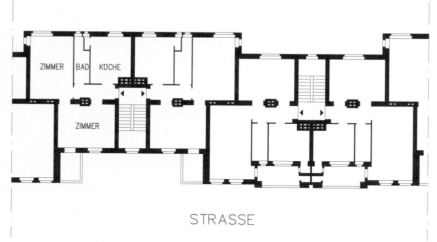

STRASSE

Haustypenwechsel, Grundriss 2-Zimmerwohnungen

Blocköffnung an der Leinestraße, um 1929

mit diagonal gegenüberliegenden Lücken öffnete. Es entstand eine spannungsvolle Beziehung zwischen Straßenraum und Blockinnenraum, eine für Taut typische halböffentliche Binnengliederung, die er identitätsstiftend zu einem unverwechselbaren Wohnort für die Mieter gestaltete. Ein wichtiger Bestandteil ist der durchgrünte abgesenkte Innenbereich, für die Bewohner über Treppenanlagen erreichbar.

Aufbau und Gestaltung der beiden L-förmigen Baukörper sind aus dem Gebäudegrundriss entwickelt. Taut wählte einen Haustyp, den er versetzt im Wechsel zur Straße und zum Hof legte. Hierdurch alternieren auch die Loggien und Treppenhäuser, was ein lebhaftes Fassadenbild bewirkt. Die Flächigkeit der zurückgesetzten Treppenhauspartien steht im spannungsreichen Kontrast zu den plastisch ausgebildeten, mit Klinker gefassten Loggienbereichen.

Taut betonte überdies städtebaulich dominante Punkte der Umbauung. So erhöhte er das Eckhaus an der Oder- und Leinestraße um ein Geschoss, staffelte es in der Tiefe und bekrönte es mit angeschrägter Dachkante und Turmaufsatz. Für jedermann sichtbar kündigte sich der neue gemeinnützige Wohnungsbau an. An der Okerstraße löste Taut dagegen Teile der ebenen Fassadenflächen graphisch in tiefrote Segmente auf.

Kennzeichen dieser Anlage ist die pointierte Verwendung von gelbem Sommerfelder Klinker für Loggien, Sockel, Pfeiler und Gesimse. Das Nebeneinander von weißen Rauputzflächen und dem warmen Gelbton des Klinkers lassen die Hausreihen harmonisch erscheinen. So führte Taut beim Block an der Leinestraße vor, dass selbst im Massenwohnungsbau ein individuelles, auf Bewohner und Ort bezogenes Bauen möglich ist.

Die Wohnanlage wurde im Krieg erheblich zerstört, die Ruinen zum Teil abgetragen. Die Rekonstruktion ab 1952 erfolgte in Anlehnung an das ursprüngliche Vorbild, jedoch ohne die besondere Ausbildung des Eckhauses Leine- und Oderstraße wiederherzustellen. Bei umfassenden Modernisierungsmaßnahmen 1994-1996 wurde das Farbkonzept Tauts für Fassaden und Treppenhäuser aufgenommen.

Leinestraße, 2005

Oderstraße, 2005

Hufeisensiedlung Britz | 1925-1930

Berlin-Britz
südlich Akazienwäldchen
an der Blaschkoallee,
westlich Fritz-Reuter-Allee,
nördlich und südlich
Parchimer Allee,
östlich Buschkrugallee

erhalten

mitbeteiligte Architekten
Martin Wagner
(Bauabschnitt I und II)
Leberecht Migge
(Gartenarchitekt)

Eigentümer
GEHAG

Wohnform
1963 Wohneinheiten, davon
1.556 Geschosswohnungen
(79 %)
und 407 Einfamilienhäuser
(21 %)

Planung
Planungsbeginn 1924
Bebauungsplanung Bruno Taut,
mit Martin Wagner
für die Bauabschnitte I und II

Bauabschnitte
I   1925-1926
II   1926-1927
III/IV 1927-1928
V   1928-1929
VI   1929-1930

Bauherr
GEHAG

**Veränderung /
Wiederherstellung**
1960er-1970er Jahre
Instandsetzungen
seit den 1980er Jahren denkmalgerechte Wiederherstellung

Luftbild, um 1930

Dörchläuchtingstraße, Blick zur Parchimer Allee. BA II, 1927

Die von Bruno Taut und Martin Wagner im Auftrag der GEHAG geschaffene „Großsiedlung Britz" ist die erste deutsche Großsiedlung nach dem Ersten Weltkrieg und der Inflation. Wegen der ausgeprägten Form ihres städtebaulichen Zentrums „Hufeisensiedlung" genannt, ist sie schon bald nach ihrer Entstehung ein Wahrzeichen des modernen Siedlungsbaues geworden. Nichts war so einprägsam wie das Rund des Hufeisens, das das Prinzip der Kollektivität kraftvoll in eine architektonische Großform überführte. Mit dieser Anlage war das Modell der Trabantensiedlung, die auch für untere Bevölkerungsschichten ein würdiges, gesundheitlich-hygienisches und menschenfreundliches Wohnen ermöglichen sollte, als sozialpolitisches Gegenstück zur Stadt des 19. Jahrhunderts in Deutschland eingeführt.

Im Winter 1924 hatte die Stadt Berlin beschlossen, aus den Mitteln der gerade eingeführten Hauszinssteuer eine erste Großsiedlung zu errichten. Die seit dem Ersten Weltkrieg herrschende Wohnungsnot erforderte eine rasche Bebauung des noch ungenutzten billigen Bodens der Vororte. Initiator des Britzer Projekts war der engagierte Sozialist und Architekt Martin Wagner, der ab 1925 die Funktion des Berliner Stadtbaurats innehatte. Er etablierte ein gewerkschaftlich-genossenschaftliches Verbundmodell, zu dem die im Jahr 1924 erfolgte Gründung der „Gemeinnützigen Heimstät-

The "Großsiedlung Britz" (Large Development Britz) is called "Hufeisensiedlung" (Horseshoe Housing Development) because of the distinctive form of its centre. 1,963 living units were built for approximately 5000 inhabitants.

The first two building phases include the core of the development. Taut transferred Garden City elements onto the modern style of housing developments. He placed a 350-metre-long, three-storey, horseshoe-shaped building around a pond, forming a large green area and opening out towards the sun towards the east. Another space-forming symbolic figure follows towards the west, a pasture-shaped rhombic courtyard (Hüsung) surrounded by single-family row-houses.

The row-houses and gardens on the three sides facing the heavily-trafficked streets are shielded by three-storey, flatly covered apartment blocks, like city walls.

The construction phases three to five, in the form of multi-storey living quarters, are located along Buschkrugallee and Parchimer Allee. The final building phase reveals 14 north-south apartment rows. The "Hufeisensiedlung" has been designated for inclusion on the UNESCO-list of World Cultural and Natural Legacies.

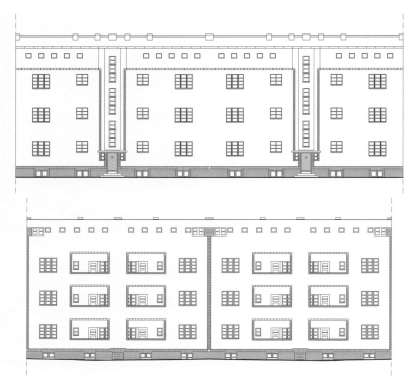

Hauseinheit aus dem Hufeisen, Straßen-und Gartenansicht

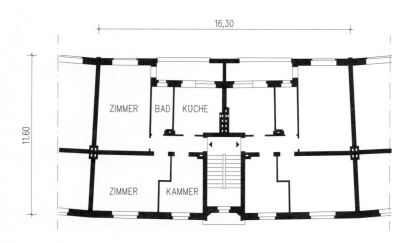

16,30

11.60

| ZIMMER | BAD | KÜCHE |
| ZIMMER | KAMMER | |

LOWISE–REUTER–RING

2¹/²- Zimmerwohnungstyp im Hufeisen

Modell Hufeisen, um 1926

ten-, Spar- und Bau- AG" (GEHAG) zur Durchführung von Planungs- und Bauleitungsar-
beiten gehörte. Die GEHAG entwickelte
sich, in enger Teamarbeit mit ihrem Chefarchitekten Bruno Taut, zur maßgeblichen Ex-
ponentin des Siedlungsbaues in Berlin. Den
Auftakt bildete die Britzer Anlage – galt es
doch, die neu geschaffene Verbundorgani-
sation zu testen und sie als Gegenmodell
zur Privatwirtschaft und als leistungsstärke-
re Variante zur staatlichen Wohnbaupolitik
vorzuführen. Es entstanden im mehreren
Etappen 1.963 Wohneinheiten in Stok-
kwerks- und Einfamilienhäusern für rund
5.000 Bewohner.

„Rote Front", Fritz-Reuter-Allee, 1927

Für die ersten beiden Bauabschnitte, die
zwischen der Parchimer Allee und der Staven-
hagener Straße den Siedlungskern mit dem
Hufeisen umfassen, entwarf Taut einen Plan,
der auf Topographie und Naturraum reagiert
und noch den Ideen der Gartenstadtbewegung verhaftet ist. Indem er Gartenstadtele-
mente, wie Kleinhaus und Garten sowie gemeinschaftliche Funktions- und Erlebnisräu-
me, auf den modernen Siedlungsbau übertrug, entstand eine völlig neuartige Wohnqualität, von durchgrünten Siedlungsräumen geprägt. Am augenfälligsten zeigt sich dies beim
Hufeisen. Taut legte um eine Teichsenke eine
350 Meter lange dreigeschossige, hufeisenförmige Bebauung, die einen großen gemeinschaftsbildenden Grünraum formt und sich
nach Osten der Sonne öffnet. Nach Westen
folgt eine weitere raumbildende Symbolfigur,
ein angerförmiger rhombischer Wohnhof (Hüsung), umstanden von Einfamilienhausreihen.
Beide Figuren bilden axial aufeinander bezo-
gen das zentrale Architekturelement der ersten beiden Etappen.

Lowise-Reuter-Ring, 1927

Gielower Straße, BA VI, 1930

In ungezwungener Form ordnete Taut in dem Bereich um Hufeisen und Hüsung Straßenräume und Plätze an. Sie sollten nach seinem Verständnis außen liegende Siedlungswohnräume, also „Außenwohnräume" bilden. Auf den ersten Blick fast unmerklich stellte Taut jede Hausreihe in ein feingliedriges Bezugssystem aus Baufluchtversetzungen, asymmetrischer Anordnung und Lückenbildungen. Dadurch führte die Beschränkung auf zwei Typen bei 472 Einfamilienhäusern nicht zwangsläufig zu monotoner Wiederholung. Jede Straße erhielt einen eigenen Charakter: durch vor- und zurückspringende Hausgruppen oder Kopfbauten, die den Raum weiten und engen, sowie durch die farbige Behandlung der Fassaden, die in der Britzer Siedlung erstmalig auch raumgestaltend und städtebaulich disponierend wirkt. So verdeutlichen weiß-blau gehaltene Hauseinheiten die geschlossene Form des Hufeisen-Runds, wobei im Inneren nur die Loggieninnenwände und zur Straße die Drempel sowie die Treppenhäuser blau gefasst sind. Bei den umliegenden Einfamilienreihenhäusern dagegen löste sich Taut von einer blockweisen einheitlichen Farbgebung. Mit kräftig rot, gelb, weiß oder blau durchgefärbten

Lowise-Reuter-Ring, Hufeisen, 2005

Hufeisen Gartenseite, 2000

Paster-Behrens-Straße 1-19, 2000

Madenputzen sollten städtebauliche und räumliche Zusammenhänge optisch erfahrbar gemacht werden.

Die Reihenhäuser und Gärten werden auf den drei nach den Hauptverkehrsstraßen liegenden Seiten von dreigeschossigen, flach gedeckten Wohnblöcken stadtmauerngleich abgeschirmt. In provozierender Abgrenzung setzte Taut entlang der Fritz-Reuter-Allee zwei lang gestreckte Randblöcke mit 30 gleichen dreigeschossigen Hauseinheiten, bei denen die Treppenhäuser wehrhaft vorgezogen sind. Blutrot geputzt, als „Rote Front" oder „Chinesische Mauer" betitelt, tritt bei diesen Blöcken der Gegensatz zu den Wohnbauten der Beamtensiedlung im Heimatstil vis-à-vis besonders emphatisch hervor.

Entfernt liegen längs der Buschkrugallee und der Parchimer Allee die ausschließlich aus Etagenwohnhäusern bestehenden Etappen drei bis fünf, errichtet 1927-1929. Hier nutzte Taut zur Strukturierung der Fassaden die farblich abgesetzten Balkone. Sie liegen, zu Paaren oder zu Bändern zusammengefasst, bis auf wenige Ausnahmen zur ruhigen Hofseite, während die Treppenhäuser die planen straßenseitigen Eingangsfronten rhythmisieren. Der letzte Bauabschnitt 1929-1930 zeigt den Zeilenbau, da wegen der begrenzten Mittel weniger Bodenfläche zur Verfügung stand. Der schmetterlingsförmige Bauteil gehört zu den gelungensten Leistungen von Bruno

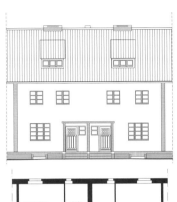

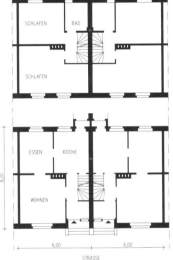

Reihenhaustyp, BA I, Hüsung.
Straßenansicht, Erd- und Obergeschoss

Reihenhäuser am Hüsung, 2000

Reihenhäuser Talberger Straße, Rückseite, BA VI   Paster-Behrens-Straße 1-3, BA II

Paster-Behrens-Straße 53, BA VI   Jochen-Nüßler-Straße 8-10, BA II

Taut. 14 Nord-Süd-Wohnzeilen liegen südlich der Parchimer Allee, zwischen den gekrümmt verlaufenden Straßen Fritz-Reuter-Allee und Paster-Behrens-Straße. Auch hier fassen höhere dreigeschossige Mehrfamilienhäuser einen Innenbereich mit niedrigeren zweigeschossigen Einfamilienhauszeilen ein. Die Reihenhauszeilen enden jedoch in abgewinkelten Zeilenköpfen mit Geschosswohnungen. Dadurch ergibt sich eine Durchmischung unterschiedlicher Wohnformen. Die Einfamilienhausreihen folgen nicht starr den äußeren gebogenen Blockrandzeilen, sondern sind gegenläufig, in gerader Richtung sogar mit Versetzungen angeordnet. Es kann sich eine offene Binnenstruktur bilden, die raumerweiternd über die Gielower Straße hinweggreift. Für die in sich gekehrte Form entwickelte Taut ein harmonisches Farbkonzept mit vier Fassadenfarben – weiß, gelb, rot und türkisgrün – für die Einfamilienhäuser, während er die abgewinkelten Kopfbauten zur Parchimer Allee und zur Gielower Straße als Farbsolitäre in Rot oder Weiß herausstellte.

Fritz-Reuter-Allee, BA VI, 2000

Seit Anfang der 1980er Jahre erfolgt eine sukzessive denkmalpflegerische Erneuerung der gesamten Siedlung, die bis heute andauert. Sie führte in weiten Teilen zu einer Rückgewinnung der differenzierten Farbräume. Zuletzt stellte man die blau-weiße Farbgebung einiger Segmente des Hufeisens wieder her. Die Hufeisensiedlung ist als eine von sechs ausgewählten Berliner Siedlungen der 1920er Jahre für die Eintragung in die UNESCO-Liste des Kultur- und Naturerbes der Welt vorgesehen.

„Rote Front", Fritz-Reuter-Allee, 2000

Wohnanlage Buschallee | 1925-1930

Berlin-Weißensee
Buschallee 8-84, 94-107,
Gartenstraße 12/13, 22-25a
Sulzfelder Straße 2/6,
Hansastraße 174/176

erhalten

Eigentümer
GSW und BauBeCon

Wohnform
645 Geschosswohnungen

Bauabschnitte
I 1925-1926
II 1927-1928
III 1928-1930
IV 1930

Bauherr
GEHAG

**Veränderung /
Wiederherstellung**
1954-1955 Wiederaufbau
1993-1998 denkmalgerechte
Wiederherstellung

Buschallee 105 -107, um 1931

Luftbild, um 1930

Nicht weit entfernt von der Trierer Wohnzeile ließ die GEHAG zwischen 1925 und 1930 entlang der Buschallee über 600 Stockwerkswohnungen errichten. Dieses Projekt gehört zu den eindrucksvollsten Bauschöpfungen von Taut, da er hier für die Bildung von Stadträumen und die Errichtung von modernen Reformwohnungen nur schmale Ost-West-Grundstücke an einer Korridorstraße mit ihren einmündenden Straßen zur Verfügung hatte.

Die Planungen für die Buschallee, die seit alters her die Ortsteile Weißensee und Hohenschönhausen miteinander verbindet, sahen einen auf ihre zukünftige Verkehrs-

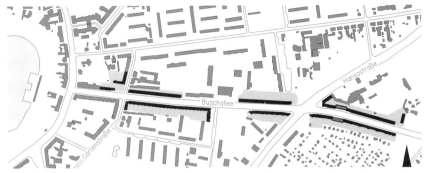

bedeutung zugeschnittenen Ausbau vor. Bereits 1908 waren repräsentative Mietshäuser an der Ecke zur Berliner Allee entstanden. Krieg und Inflation verhinderten den weiteren Ausbau, wodurch das Bild der Buschallee bis in die 1920er Jahre hinein von Kleingartenkolonien geprägt wurde.

Mit der von Taut geschaffenen Randbebauung, die sich über einen Kilometer in lang gestreckten, zumeist dreigeschössigen Wohnzeilen hinzieht, änderte sich der Gebietscharakter entscheidend. Es entstand ein großstädtischer Straßenzug mit acht flach gedeckten Zeilenbauten im Stil des Neuen Bauens. Die straßenbegleitenden, endlos wirkenden Loggienbänder, die die gesamte Zeilenbreite einnehmen, werden hier zum beherrschenden Gestaltungsmotiv. An der Buschallee erstmalig angewendet und später von Taut auch für die „Wohnstadt Carl Legien" eingesetzt, bestimmen sie die Nordseite der Straße, während die Südseiten im Kontrast dazu flach blieben. Ihr dynamischer, schnittiger Impuls unterstreicht die Verkehrsbedeutung der neuen Hauptverkehrsstraße nach Höhenschönhausen.

Trotz der ungünstigen Orientierung der Zeilen sind die Wohnungen konsequent nach Himmelsrichtung orientiert. Eingänge, Treppenhäuser, Küche und Bad liegen im Norden, Loggien, Wohnräume und Balkone sind nach Süden gerichtet. Letztere geben in ihrer prägenden kreuzförmigen Anordnung den nach den Mietergärten gerichteten Fronten eine sehr lebhafte Gliederung. Besonders betont sind die Blockenden.

Allotment garden colonies determined the appearance of Buschallee up until the 1920s. With Taut's building on the edge of this area, mostly three-storey row-houses, stretched out and extending over one kilometre long, the character of the area changed markedly. A big-city street block arose, with eight flat-roofed row-house buildings in the style of the New Architecture. The veranda bands, accompanying the street, are the dominant formative motif. They determine the north side of the street. Despite the unfavourable orientation of the rows, the apartments are consistently directed towards the point of the compass.

Taut considered the rows to be divided in two, according to colour – with a green-grey garden façade as well as white southerly and red-brown northerly street fronts. The box-shaped, yellow veranda bands contrast with the red-brown wall background, emphasizing linearity and dynamics.

Taut chose a more picturesque colour structure in his building at the corner of Buschalle and Gartenstraße; it is at times influenced by geometrical forms.

A successive restoration worthy of monuments began in 1993. The houses got back most of their original colour.

Buschallee/Hansastraße nach Instandsetzung 1993

Buschallee 71-84 nach der Instandsetzung, 1993

Taut ließ hier die Endhäuser gestaffelt zu den flachen, halbkreisförmigen Ladenanbauten auslaufen. Die Läden bekamen Schaufensterfronten in den Rundungen, was den Kontrast zur kubischen Baukörperkontur der Zeilen steigert.

Anders als bei der Wohnzeile an der Trierer Straße setzte Taut die Farbe an der Buschallee raumgreifend gliedernd ein. Hier werden die langen Baublöcke in prägende Farbabschnitte unterteilt, wodurch das Kubische der Häuser stärker in den Vordergrund tritt. Taut fasste die Zeilen als farbig zweigeteilte Baukörper auf – mit einer grüngrauen Gartenfassade sowie weißen südlichen und rotbraunen nördlichen Straßenfronten. Die kastenförmigen Loggienbänder tragen einen gelben Anstrich. Sie heben sich vor dem rotbraunen Wandhintergrund besonders ab und betonen so Linearität und Dynamik.

Buschallee Ecke Gartenstraße, um 1928

Dass Taut sich nicht an ein Farbkonzept gebunden fühlte, zeigte die farbliche Behandlung der Eckbebauung Buschallee und Gartenstraße, die zum ersten Bauabschnitt von 1925-1926 zählt. Dort wählte er einen mehr malerischen Farbaufbau, teilweise von geometrischen Formen geprägt, ähnlich der zeitgleich entstandenen Wohnzeile an der Trierer Straße. Die Ecke erhielt ihre städtebauliche Dominanz vor allem durch die Farbgebung des Blockes an der Buschallee, der die Blicke mit einem roten Giebel und einem Schachbrettmuster in Orange und Zitronengelb am Drempelgeschoss auf sich lenkte.

Buschallee Ecke Hansastraße, 1991

Im letzten Krieg sind einzelne Häuser zerstört worden. Während sich der Wiederaufbau der Häuser Buschallee 25 und 26 am Original orientierte, sind die Häuser Buschallee 32-38 und 63-66 Neubauten. Bei späteren Umbauten kam es zum Teil zu einem Ausbau der Dachgeschosse, bei dem die Drempelfenster wegfielen. Ab 1993 begann eine sukzessive denkmalgerechte Instandsetzung. Die Häuser erhielten dabei auch ihre Farbgebung zurück. Die straßenseitigen Loggien mussten allerdings aus Lärmschutzgründen verglast werden. Das Instandsetzungsergebnis der Eckbebauung Buschallee und Gartenstraße entspricht nicht der originalen Farbgebung.

Buschallee 8-23, Hofseite, 1993

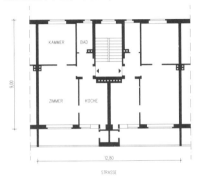

2-Zimmerwohnungstyp

Siedlung Paradies | 1925–1926, 1929–1930

Berlin-Bohnsdorf
Dahmestraße, Hundsfelder
Straße, Siebweg

verändert erhalten

Eigentümer
Arbeiter-Baugenossenschaft
Paradies e. G.

Wohnform
ca. 280 Wohneinheiten,
ca. 180 Geschosswohnungen,
100 Einfamilienhäuser
(Doppel-, Reihenhäuser)

Versorgungseinrichtung
Konsumgebäude

Bauabschnitte
I   1925–1926
II   1929–1930

Bauherr
Arbeiter-Baugenossenschaft
Paradies eG

**Veränderung /
Wiederherstellung**
Modernisierung 1995–96

Blick in die Leschnitzer Straße, um 1930

Blick in die Hundsfelder Straße, um 1930

Reformbestrebungen in der Wohnungspolitik schlugen sich um 1900 in der Gründung von Baugenossenschaften nieder. Ein frühes Beispiel ist die 1902 in Selbsthilfe gegründete Baugenossenschaft „Paradies", deren Bautätigkeit in Bohnsdorf sich zunächst auf wenige Mehrfamilienhäuser im Landhausstil beschränkte. Bis zum Ersten Weltkrieg konnten dann 50 Einfamilienreihenhäuser westlich der Paradiesstraße nach Plänen von Fritz Oertel errichtet werden.

Nach dem Krieg übernahm die GEHAG die technische Betreuung der neuen Bauabschnitte. Die entwurfliche und künstlerische Verantwortung lag bei Bruno Taut. In zwei Bauetappen wurden von 1925 bis 1930 neben 180 Geschosswohnungen auch 100 Reihenhäuser errichtet. Zusätzlich gestaltete Taut ein Gemeinschaftshaus mit Konsumläden, das 1929–30 an der Paradiesstraße Ecke Buntzelstraße entstand.

Entlang den begrenzenden Hauptverkehrsstraßen setzte Taut in offener Blockrandbebauung zeilenartige Geschossbauten mit Flachdächern, die den inneren Bereich mit Einfamilienhäusern abschirmten. Die Siedlungsräume an den einmündenden Straßen

Pitschener Str., Ecke Leschnitzer Str., 2005

hob er besonders hervor, indem er sie mit im Winkel angeordneten oder zurückgesetzten Zeilen torähnlich definierte. Zur Differenzierung der Zeilen nutzte Taut eine kontrastierende Farbgebung bei Kopfbauten, einzelnen Fassadenflächen und Bauteilen. So sind die für seine Architektur typischen T-förmigen Balkone an der Gartenseite der Hauszeilen an der Hundsfelder Straße in einem sehr dunklen Farbton gehalten, während der Wandhintergrund hell gestrichen ist.

Für den Siedlungsbereich mit den ruhigeren Wohnstraßen entwickelte Taut einen Einfamilienreihenhaustyp mit Satteldach und gartenseitigem Stallanbau. Die traufständigen Hausgruppen mit Vorgärten sind sparsam und einfach gestaltet, wirken aber mit ihren flach gedeckten Eingangsvorbauten und den Einfriedungen mit Lattenzäunen in den Siedlungsraum hinein. Auch die Polychromie der Fassaden trägt dazu bei.

Das Nebeneinander von Steildach und Flachdach – ein Beleg für Tauts undogmatisches Architekturverständnis – stellt einen besonderen Reiz der Siedlung „Paradies" dar. „Das sichtbare und das flache Dach sind durchaus keine Gegensätze, die sich nicht vertragen, im Gegenteil kann die Verwendung beider Elemente eine Bereicherung bedeuten."[1]

Die Siedlungsbauten, die nach der Wende einschließlich der Außenanlagen noch weitgehend im Original vorhanden waren, sind durch Modernisierungsmaßnahmen Mitte der 1990er Jahre stark verändert worden.

Besides 180 storey apartments, 100 row-houses were constructed in two phases according to Taut's designs in the development "Paradies"; a community building with consumer shops was also built.

Row-like multi-storey buildings with flat roofs were arranged along the bordering heavily-trafficked streets in open blocks. They shield the inner area. Taut particularly emphasized the rooms on the adjacent streets; he did so either by integrating them into the same angle or by defining indented rows like gates. In order to differentiate the rows, Taut used contrasting colours on the head buildings, individual façade surfaces and building parts.

He developed a type of single-family row-house with saddleback roof and stall extension on the garden side for the development area with quiet streets. The house group with prominent eaves and front gardens have a simple form but a strong effect on the development with their flatly-covered porches and enclosures. The polychromatic façades also contribute to this effect.

The development houses were disfigured during the modernisation measures taken during the mid-1990s.

Siedlung „Freie Scholle" in Berlin | 1925-1931

Berlin-Tegel
beiderseits Waidmannsluster
Damm, westlich
Waldpark Steinberg,
zwischen Moorweg und
Erholungsweg

verändert erhalten

Eigentümer
Gemeinnützige
Baugenossenschaft
„Freie Scholle" zu Berlin eG

Wohnform
541 Wohneinheiten, davon
242 Geschosswohnungen (45 %)
und 299 Einfamilienhäuser (55 %)

Planung
Planungsbeginn 1924
Bebauungsplanung Bruno Taut

Bauabschnitte
7 Bauabschnitte

Bauherr
Baugenossenschaft
„Freie Scholle", Tegel

**Veränderung /
Wiederherstellung**
1950-1955 Wiederaufbau
1980er Jahre Instandsetzung
1990er Jahre bis 2001 denkmalgerechte Wiederherstellung
einzelner Siedlungsteile

Reihenhäuser am Steilpfad, 1931

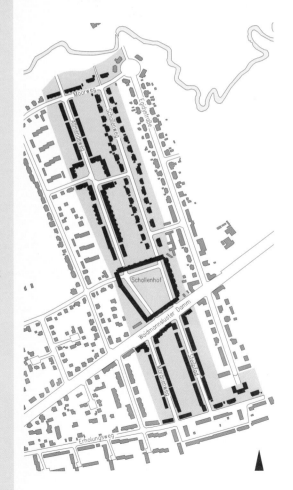

Platzbildung am Allmendeweg,1931

In der Siedlung „Freie Scholle" spiegeln sich verschiedene Wohnkonzepte exemplarisch wider. Taut musste hier den genossenschaftlichen Siedlungsbau analog den sich ändernden wirtschaftlichen Möglichkeiten stetig neu interpretieren. Außerdem galt es, eine traditionell eingestellte Baugenossenschaft vom Neuen Bauen zu überzeugen. „Als wir 1924 (...) begannen, konnten wir den Vorstand nur allmählich für die neue Auffassung gewinnen. Schrittweise (...) wurde bis zum Jahre 1931 gebaut, mit jedem Schritt moderner", erinnerte sich Taut rückschauend.[1] Der Kern der Siedlung geht auf eine 1895 von Gustav Lilienthal gegründete Genossenschaft zurück, deren Ziel ein in Anlehnung an die Gartenstadtidee lebens- und wohnungsreformerischen Siedlungsmodell war. Bis 1910 wurden auf dem Gelände am Tegler Fließ Doppel- und Vierfamilienhäuser errichtet, die sich entlang der Egidystraße aufreihten. Erst nach der Inflation konnten unter der künstlerischen Leitung von Bruno Taut weitere Bauabschnitte parallel zum ersten Siedlungsteil realisiert werden.

Die ersten neuen Bauten waren Doppelhäuser mit steilen Satteldächern auf Gartenland am Schollenweg, die noch den Gar-

The development "Freie Scholle" in Tegel shows different living concepts in exemplary fashion. The first buildings constructed along Schollenweg under Taut's direction were double houses with steep saddleback roofs on garden land.

From 1926 single-family row-houses with small gardens were built in groups, strongly influencing the appearance of Moränenweg, Steilpfad and Allmendeweg. Multi-storey buildings were built next to these that were concentrated towards central locations. If the earlier row-houses on Steilpfad still had saddleback roofs, Taut later succeeded in bringing about a flat-roof building technique.

Rooms that furthered community spirit became the trademark of the development. Thus, the trapezoidal Schollenhof built in 1928-1929 formed the heart of the development. 103 multi-storey apartments were grouped around it. Another open square was created in 1930-1931 on Allmendeweg at the corner of Kampweg and Freilandweg by four rectangular, displaced house groups. All the houses in the development were designed with great differentiation, in powerful green, red, yellow and blue.

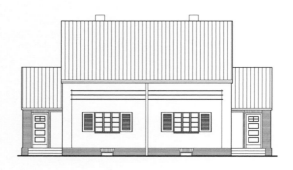

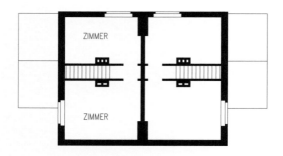

ZIMMER

ZIMMER

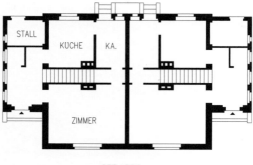

STALL · KÜCHE · KA.

ZIMMER

STRASSE

Doppelhaustyp am Schollenweg, BA I, Straßenansicht, Grundriss Erd- und Obergeschoss

tenstadtgedanken fortführten. Ab 1926 konnten lediglich Einfamilienreihenhäuser mit Kleingärten gebaut werden, die das Bild am Moränenweg, Steilpfad und Allmendeweg einheitlich prägen. Daneben entstanden Stockwerksbauten, die sich städtebaulich und räumlich an zentralen Orten konzentrieren: Waidmannsluster Damm, Schollenhof und Allmendeplatz. Besaßen die frühen Reihenhäuser am Steilpfad ebenfalls noch Satteldächer, so setzte Taut später gegen die Vorstellungen der Genossenschaft und der Baupolizei eine Flachdachbauweise durch.

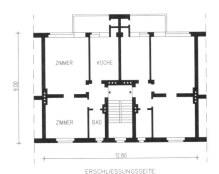

1¹/²-Zimmerwohnungstyp im Schollenhof

Zum Kennzeichen der Siedlung wurden gemeinschaftsbildende Räume, die einen ideellen, genossenschaftlichen Bezug bekamen. So bildet der 1927-1928 geschaffene trapezförmige Schollenhof, dessen hellgelbe Platzwände aus einem einzigen Haustyp geformt sind, das Herzstück der Siedlung. Um den Wohnhof, der eine hufeisenförmige Baumbepflanzung erhalten sollte, gruppieren sich 103 Stockwerkswohnungen. Die Treppenhäuser, Schlafräume und Bäder sind zum Platz orientiert; die Wohnräume und Balkone liegen nach außen. Dergestalt strahlt der Hof im Gegensatz zur wechselvollen Gruppierung der Siedlung eine große Ruhe aus. Taut selbst hielt den Schollenhof, der nach seiner Auffassung für die Mieter den idealen Außenwohnraum vorstellte, neben dem Hufeisen in Britz für seine beste Arbeit. Am Allmendeweg Ecke Kampweg entstand durch versetzt angeordnete Hausgruppen ein weiterer, aber offener Platz. Hier setzte Taut die Farbe Rot für die Platzwände raumbildend ein

Der Wiederaufbau erfolgte 1950-1955. Nur ein geringer Teil der Siedlung ist nach originalem Vorbild instandgesetzt. In den 1980er Jahren kam es zu einer ersten farblichen Erneuerung, die den Schollenhof und die Geschossbauten am Waidmannsluster Damm betraf. Seit den 1990er Jahren folgte eine denkmalgerechte Instandsetzung der Reihenhausgruppen an Moränenweg und Steilpfad, die nun wieder intensiv rot und gelb leuchten. Zuletzt wurde 2001 ein Stockwerksbau am Erholungsweg in seiner blau-weißen Farbigkeit wiederhergestellt.

Schollenhof 26-31, 2005

Straßenfassade Moorweg 34-46, 1997

Wohnhaus Taut in Dahlewitz | 1926-1927

Dahlewitz,
Landkreis Teltow-Fläming
Wiesenstraße 13

erhalten

mitbeteiligter Architekt
Leberecht Migge
(Gartenarchitekt)

Eigentümer
privat

Bauherr
Bruno Taut

**Veränderung /
Wiederherstellung**
1988-1996 denkmalgerechte
Wiederherstellung

Gartenseite, 1927

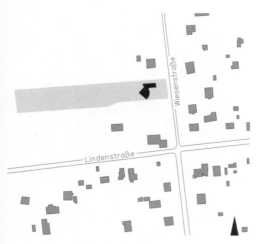

Architektenhäuser sind Zeugnisse architektonischer Grundprinzipien und Ideale ihrer Erbauer. Auch bei Bruno Tauts selbst konzipiertem Wohnhaus in Dahlewitz ist dies nachweisbar. Taut schuf ein Gebäude, das verstärkt seine architektonischen Bauprinzipien herausstellte, die schlagwortartig unter den Leitthemen „Glas, Farbe und Naturbezug" zusammengefasst werden können. Konzeption, Innenraum- und Farbgestaltung des Hauses beschreibt Taut umfassend in dem Buch „Die Wohnung", das vornehmlich den vom Praktikabilitätsgedanken geleiteten Entwurfs darlegte, welcher zur Nachahmung anregen sollte. Das Haus wurde jedoch ein Unikat.

Der Bau besticht durch die radikale Form des Viertelkreises und seinen funktionalen Grundriss, der in die strenge Gebäudegeometrie eingefügt wurde. Die schwarz gestrichene Rundung schirmt den zweigeschossigen Flachdachbau zur Straße hin ab, während die weiß verputzte Gartenfassade wie der Bug eines Schiffes in die Landschaft der Umgebung ragt. Mit der Kreisform hatte Taut bereits in seinen Ausstellungsbauten aus den Jahren 1910-1914 experimentiert. Beim eigenem Haus in Dahlwitz nennt er vor allem

Eingangsseite, um 1927

die raumökonomischen Vorzüge des Kreises: „Der Kreis enthält in sich den größten Flächenraum im Verhältnis zu seinem Umfang. Außerdem geben die vom Dogma des rechten Winkels und des Rechtecks abweichenden Grundrissformen zahlreiche günstige Möglichkeiten der Raumausbildung- und einrichtung."[1]

Gleichwohl verstand Taut die besondere Baufigur als „Kristallisation der atmosphärischen Bedingungen", die durch den Einsatz von Farbe unterstützt wird. Den Kosmos der Farbe galt es neu zu erschließen und sie von der Zweidimensionalität der Fläche zu befreien, um so ihren Eigenwert als architekturgestaltendes Element hervorzuheben. Neben ästhetischen Gesichtspunkten spielten für ihn dabei auch energetische Überlegungen eine wichtige Rolle. Das Weiß der schrägen Wandflächen strahlt im Sommer die Wärme zurück, während die schwarze Ostfassade „Licht und Wärme der Morgensonne in das Haus hineinsaugt."[2] Hier handelt es sich somit um eines der ersten Beispiele, bei dem die Farbe mit ihren unterschiedlichen physikalischen Eigenschaften gezielt zur passiven Energiegewinnung eingesetzt wird. Architektur durch Farbe neu erlebbar zu machen ist auch im Inneren des Gebäudes die zentrale Thematik.

Das bis ins kleinste Baudetail gehende Farbkonzept beabsichtigt die sinnfällige Durchdringung von Innen- und Außenraum.

With his apartment house Taut created a building that emphasized his architectonic building principles: "glass, colour and relationship to nature." The building fascinates observers with the radical form of the quarter circle and its functional ground-plan, inserted into the strict building geometry. The black-painted curve shields the two-storey flat-roofed building from the street side, while the white plastered garden façade towers above the environment like a ship bow. Taut inserted striking prismatic surfaces on the street façade and roof. Alongside aesthetic standpoints, energetic considerations played a considerable role for Taut. The white on the inclined wall surfaces beams warmth back during summer, while the black east façade "sucks the morning sun's light and warmth into the house."

A central theme, also in the building's interior, is making architecture a new experience through colour.

The outstanding quality of the building was regained with the restorations and renovations in progress since 1988.

Gartenseite nach der Instandsetzung, 1998

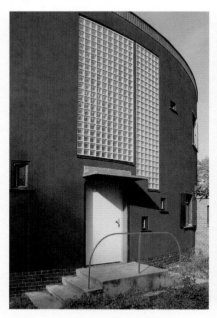

Eingang, nach der Instandsetzung, 1998

Fenster, Eingangsseite, 1998

So stehen die beige gefassten Wände des Wohnzimmers im klaren Kontrast zum grünen Gartenraum. Auch die feuerrot gehaltene Decke lässt die Wärme der im Westen stehenden Sonne am Abend visuell spürbar als komplementäre Farbe zum Grün der Wiese werden. Dieses Erfahrbarmachen einer farbigen Atmosphäre erreichte Taut dadurch, dass grelle Farbtöne nur da verwendet werden, wo sie im Streulicht beziehungsweise im Schatten liegen. Deutlich wird dies an der Gestaltung der im Schatten liegenden, rot gefassten Zulaufrohre zu den Heizkörpern und den Heizkörperrippen, die alternierend rot-blau-rot gestrichen sind, während das rückführende Heizungsrohr einen blauen Anstrich aufweist.

Mit den seit 1988 sukzessiv laufenden Instandsetzungs- und Wiederherstellungsarbeiten konnte die herausragende Qualität des Gebäudes zurückgewonnen werden. Dank des privaten Engagements begannen noch zu DDR-Zeiten erste Sicherungsarbeiten. Die Maßnahmen nach 1989 konzentrierten sich neben der Beseitigung von Bauschäden hauptsächlich auf die Rekonstruktion der Glasbaustein- Fertigelemente und auf die Wiedergewinnung der Materialität und Farbigkeit. Aufgrund restauratorischer Untersuchungen ergaben sich Ergänzungen zum bisher bekannten Farbkonzept. Danach konnten Fassaden, Fenster, Türen und fast alle Innenräume in ihrer ursprünglichen Farbigkeit wiederhergestellt werden. Noch offen ist die Rekonstruktion der von dem Gartenarchitekten Leberecht Migge gestalteten Außenanlagen, denn „Stellung, Raumanlage und Architektur des Hauses ist ohne den Garten undenkbar."[3]

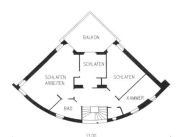

Grundriss Erd- und Obergeschoss

Arbeits- und Schlafraum, Obergeschoss, 1997

Wohnraum, Erdgeschoss, 1997

Kleinhaussiedlung Hohenschönhausen | 1926-1927

Berlin-Hohenschönhausen
Paul-König-Straße 7-29, 55-71,
Wartenbergstraße 29-29 b

verändert erhalten

Eigentümer
privat

Wohnform
43 Einfamilienhäuser (Doppel-,
Einzelhäuser, 1 Reihenhaus),

Bauherr
Stadt Berlin

**Veränderung /
Wiederherstellung**
1936 Fassadenänderung,
kriegszerstört 7 Häuser, 1981
Neubau Paul-König-Str. 67-69,
1990er Jahre Modernisierungen

Paul-König-Straße, Gartenseite, um 1928

Im Auftrag der Stadt Berlin übernahm die GEHAG 1926 die Weiterführung eines seit 1921 ruhenden Bauvorhabens in Hohenschönhausen. 1919 hatte der Architekt Otto Kuhlmann für die damals noch eigenständige Landgemeinde einen Bauplan zur Errichtung einer vorstädtischen Siedlung unweit des alten Dorfkerns erarbeitet. Kuhlmanns Entwurf war noch ganz den idealtypischen Vorstellungen einer den Gartenstadtgedanken wiedergebenden Planstadt der Vorkriegszeit verhaftet – mit malerischen Straßenbildern, Torhäuschen und walmdachbekrönten Siedlungshäusern. Die Durchführung gelang nur zum geringen Teil mit wenigen Reihenhäusern an der Titastraße sowie einigen Doppel- und zwei Torhäusern an der Paul-König-Straße.

Taut musste bei seinem Siedlungsteil auf dem bestehenden Bebauungsplan aufbauen. Er übernahm die dort vorgesehene Verschränkung und platzartige Aufweitung der Paul-König-Straße und stellte sie in den Mittelpunkt seiner Detailplanung. Eng umschlossen von den Siedlungshäusern bildete sich ein Versammlungs- und Festplatz, der, wie in vielen Siedlungen und Wohnanlagen Tauts, Gemeinschaftsgeist versinn-

STALL KÜCHE KAMMER

ZIMMER

STRASSE

Doppelhaustyp, Straßenansicht und Grundriss Erdgeschoss

Paul-König-Straße 18-20, 2005

bildlichen sollte. Auch die in Reihe errichteten Einfamilienhäuser gleichen Typs, die zudem über giebelseitig angeordnete Stallanbauten miteinander verbunden waren, vermittelten diese Idealvorstellung.

Die Siedlung Hohenschönhausen verdeutlicht Tauts Auffassung vom Bauen in ländlicher Umgebung. In seinem Buch „Bauen. Der neue Wohnbau" nennt er sie als Beispiel für gesundes und zeitgemäßes Bauen mit einfachen und klaren Formen.[1] Sie führe mit ihren Typenhäusern Einheit und Harmonie von Haus und Landschaft spürbar vor und setze sich klar von der Heimatschutzbewegung ab. Dies bewirkte nicht nur die expressive Farbigkeit mit blutroten Straßen- und Gartenfronten sowie blauen und gelben Giebelwänden. Auch architektonisch fand Taut zu ungewöhnlichen Formen. Bei den Doppelhäusern erhielt die Giebelspitze eine abgetreppte, die Firstlinie des steilen Satteldaches kaschierende Verblendung – ein graphisch-geometrisches Motiv, das er nur in Höhenschönhausen verwandte.

Schon 1936 verlor die Siedlung ihre prägende Farbgebung durch Neuverputz und monochromen Anstrich der Häuser. Nach dem Krieg trugen Anbauten zum weiteren Verlust der Originalsubstanz bei.

In 1919 the architect Otto Kuhlmann worked out a building plan for the construction of a suburban development for the community of Hohenschönhausen; it was still bound up with the pre-World War I ideal conception of a Garden City. The execution was carried out only to a slight degree.

Taut built upon this plan. He took over the planned spatial widening of Paul-König-Straße and placed it at the centre of his detailed plan. A gathering and celebratory area was formed, narrowly surrounded by development houses. This was intended to represent community spirit, just like the single-family houses of the same type built in a row. What was unusual was the expressive colouring. The gable points of the duplexes received a staircase-like illusion hiding the ridge line of the steep saddleback roof – a graphic-geometric motif that Taut only used in Hohenschönhausen.

In 1936 the development lost its marked colouring when it was newly plastered and the houses painted monochromatically. After the War, annexes contributed to further loss of the original substance.

Wohnanlage „Schönlanker Straße" | 1926-1927

Berlin-Prenzlauer Berg
Ernst-Fürstenberg-Straße
(ehem. Schönlanker Straße),
Heinz-Bartsch-Straße,
Paul-Heyse-Straße

erhalten

Eigentümer
Gemeinnützige Siedlungs- und
Wohnungsbaugesellschaft mbH.
(GSW)

Wohnform
122 Geschosswohnungen

Bauherr
GEHAG

**Veränderung /
Wiederherstellung**
1951-1952 Wiederaufbau
Heinz-Bartsch-Straße 2-6
1958-1959 Instandsetzung
(Fassaden)
1998-1999 denkmalgerechte
Wiederherstellung

Heinz-Bartsch-Straße,1928

Die Wohnanlage an der Schönlanker Straße, der heutigen Ernst-Fürstenberg-Straße,
gehörte zu den innerstädtischen Baupro-
jekten der GEHAG, die auf dem frei gebliebenen Terrain des von James Hobrecht be-
planten Stadtgebietes entstanden waren.
Hier, im äußersten Südosten des Bezirks
Prenzlauer Berg, war die Mietshausbebauung noch nicht weit in das Hinterland der
Hauptverkehrsstraßen vorgedrungen. So
stand der GEHAG ein Grundstück innerhalb
eines zum Teil mit Mietshäusern bebauten
Blocks zur Verfügung, deren hässliche
Brandgiebel es zu verdecken galt. Bruno
Taut sah gerade in dieser ungünstigen La-

Wohnhof an der Ernst-Fürstenberg-Straße, 1928

gebeziehung eine Gelegenheit, seine Vorstellung von einer modernen Blockbebau-
ung vorzuführen. Anstelle einer gängigen
Schließung des Blockrandes suchte er eine
der örtlichen Situation entsprechende
Raumbildung zu finden. Er entwarf einen
kompakten, H-förmigen Baukörper, dessen
Mittelteil an der Ernst-Fürstenberg-Straße
weit zurücktritt. Den damit geschaffenen,
geräumig vertieften Vorhof, der zugleich
mit dem gegenüberliegenden Schulhof kor-
respondierte, ließ Taut gärtnerisch anlegen.
An die Stelle des gereihten Mehrfami-
lienhauses am Blockrand trat so eine eigenständige Wohnform, die außerdem für
die Bewohner identitätsstiftend wirkte. Dazu verhalf nicht zuletzt die außergewöhnliche Farbgebung der Fassaden, die die geschlossene Bauform betonte. Während das
Bild der Höfe durch die Farbe Weiß geprägt
ist, folgt ein blau-weißer Farbaufbau an der
Paul-Heyse- und Heinz-Bartsch-Straße der
architektonischen Gliederung. Abgehoben
vom Weiß der Wohngeschosse umzieht ein
hellblaues Drempelband die Straßenseiten.
Die in Stufen tief in die Front eingeschrie-
benen beiden Hauseingänge behandelte
Taut farblich als Sonderform. Das Blau des
Drempels ist beidseitig des Treppenhaus-

*Bruno Taut brought forward his concep-
tion of a modern block construction on
Schönlanker Straße, today Ernst-Fürstenberg-Straße. He designed a compact,
H-shaped building body, the middle section of which receded far back on Ernst-
Fürstenberg-Straße. He then had the resulting expanded and deep-set front yard
made into a garden.*

*The colouring of the façades emphasi-
ses the closed building form. While the
appearance of the yards is marked by
the colour white, a blue-white colour
structure follows the architectonic arrangement on Paul-Heyse-Straße and
Heinz-Bartsch-Straße.*

*Taut placed enclosed staircases and
house entrances as far north as possible, in order to obtain more sunshine for
the verandas and larger living rooms.
Unusual materials were used: the short
roof end on the yard sides is accentuated by a frieze of black glazed majolica
plates. The balustrades and roofs received
translucent Luxfer prisms by the verandas on the inner-yard side.*

*Only during the 1990s was the block
restored and renovated, as befits a monument.*

Wohnhof an der Ernst-Fürstenberg-Straße, 1998

Heinz-Bartsch-Straße 4, vor und nach der Instandsetzung 1997 und 1998

bandes bis zum Sockel hinuntergeführt, wobei die dunklere Farbe die weißen angehängten Balkone miteinfasst, die sich so besonders plastisch abzeichnen. Für die hinterste Ebene mit dem Treppenhausfensterband wählte Taut ein Tiefrot. Es ergibt sich eine dramatische Farbsteigerung von hell nach dunkel, die man so bei keiner anderen Anlage von Taut wiederfindet.

„Durch die Abweichung von der geschlossenen Bauweise [konnte] für die Wohnungen eine wesentlich bessere Aufteilung erreicht werden."[1] Taut legte die Treppenhäuser und Hauseingänge möglichst nach Norden, um für die Loggien und größeren Wohnzimmer eine günstige Himmelsorientierung mit mehr Ost- oder Westsonne zu erlangen. Außergewöhnliche Materialien kamen für die Gestaltung des Dachgesimses und der Loggiabrüstungen zur Anwendung. Gehört zu den beiden Längsfronten mit dem abgesetzten Drempelgeschoss ein weiter Dachüberstand, so wird der knappe Dachabschluss bei den Hofseiten mit einem Plattenfries aus schwarz glasierten Majolikaplatten betont. Dies stellt zugleich die städtebauliche Bedeutung und die Weite des Vorhofes heraus. Bei den zum Innenhof liegenden Loggien hatten die Brüstungen und Decken lichtdurchlässige LuxferPrismen erhalten, die für eine bessere Belichtung der Kammern sorgten. Der Einsatz von Glas im Bau, hier sogar konstruktiv verwendet, galt in den 1920er Jahren als überaus modern.

Allerdings wurde Anfang der 1950er Jahre beim Wiederaufbau der im Krieg beschädigten Häuser auf eine Rekonstruktion der Glasbausteinelemente verzichtet. Nach späteren Instandsetzungen, die zum Verlust des originalen Putzes und der Farbigkeit führten, kam es erst in den 1990er Jahren zu einer denkmalpflegerischen Wiederherstellung und Sanierung des Blocks. Hierbei konnte den Fassaden, Fenstern, Türen und auch den Treppenhäusern ihre ursprüngliche Farbigkeit zurückgegeben werden.

Rekonstruierte Glasbaustein-Loggien, 1998

Treppenhaus, Farbrekonstruktion, 2001

Wohnanlage „Olivaer Straße" | 1926-1927

Berlin- Prenzlauer Berg
Rudi-Arndt-Str. 1-11,
Conrad-Blenkle-Str. 58-59

verändert erhalten

Eigentümer
GSW

Wohnform
120 Geschosswohnungen

Bauherr
GEHAG

**Veränderung /
Wiederherstellung**
1950er Jahre Wiederaufbau,
Überformung d. Fassaden
1990er Jahre Renovierung
Straßenfassade

Rudi-Arndt-Straße Ecke Conrad-Blenkle-Straße,1928

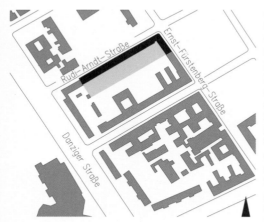

Gleichzeitig mit dem Wohnblock „Schönlanker Straße" konnte Taut nicht weit entfernt eine weitere Wohnanlage verwirklichen. An der Rudi-Arndt-Straße, der früheren Olivaer Straße, war mit einem Randbau eine bestehende Lücke im Block zu schließen. Die von der Danziger Straße ausgehende Mietshausbebauung hatte hier ein schmales, längliches Grundstück übrig gelassen, das nur einen L-förmigen Wohnbau an der Bauflucht zuließ. Im Gegensatz zur Vorkriegsbebauung entstand ein moderner fünfgeschossiger, flach gedeckter Neubau mit 120 Wohnungen und begrüntem Innenhof, der mit runder Ecke bis zur Conrad-Blenkle-Straße umgreift.

Die Anlage an der Rudi-Arndt-Straße gehörte zu den Wohnbauten von Bruno Taut, die sich durch eine Reduzierung auf wenige, aber pointiert gesetzte Gestaltungsmittel auszeichneten. Wie bei vielen Bauten der Moderne herrschte eine weitgehend monochrome weiße Farbigkeit vor, die das Membranhafte des weiß gestrichenen Glattputzes herausstellte. Bestimmende Elemente waren neben einer differenzierten dunkleren Farbigkeit der Fenster und

Rudi-Arndt-Straße, 2005

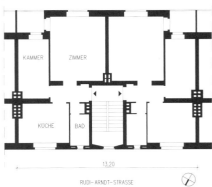

1 1/2- Zimmertypwohnungstyp

Türen die rotbunte Klinkerverkleidung des gesamten Erdgeschosses sowie ein Band glasierter Majolikaplatten, die das Dachgesims nachzeichneten. Der hohe Klinkersokkel kontrastierte so zu den planen, weiß gestrichenen Obergeschossen, die dazu durch ein umlaufendes Betongesims von ihm getrennt waren. Lediglich das Gesims ist hiervon erhalten geblieben. Noch vorhanden ist jedoch der spitzwinklig zur Ecke herausgeschobene Laden, der einen wirkungsvollen Kontrapunkt zur runden oberen Eckfront setzt.

Auch die durch den Wechsel von planen und etwas hervorgezogenen Loggien belebte Hoffassade erfuhr bedeutende Veränderungen in der Nachkriegszeit. Wie bei der Anlage an der Schönlanker Straße hatten die Brüstungen und Decken der bündig sitzenden Loggien lichtdurchlässige Luxferprismen besessen, die in einem armierten Betonrahmen verlegt waren und für eine bessere Belichtung der Kammern sorgen sollten.

Die Beseitigung der Kriegsschäden und die Instandsetzungen der 1950er Jahre führten zu Überformungen, die das Gesamtbild nachträglich veränderten. Neben dem Verlust der Farbigkeit kam es zu einer vollständigen Erneuerung des Putzes. Dies schloss auch das verklinkerte Erdgeschoss auf der Straßenseite mit ein. Die Luxfer-Prismen der Loggien wurden ebenfalls überputzt oder entfernt, die Dachzone erhielt anstelle der Majolikaplatten ein Putzband.

Hofseite, Loggien mit Luxferprismen, 1928

The development belonged to the buildings of Bruno Taut that were marked by a reduction of material; but these materials were very precisely applied.

The narrow, long property allowed only for an L-shaped apartment building on the alignment. Taut designed a modern five-storey, flat-roofed new building and without side-wings or cross buildings, embracing the area up to Conrad-Blenkle-Straße with a round corner. Through this, there was enough room for a spacious yard within the block.

The repair of the War damages and, even more, the renovations of the 1950s led to transformations that made lasting changes in the overall appearance.

Waldsiedlung Onkel Toms Hütte | 1926-1931

Berlin-Zehlendorf
beiderseits der Argentinischen
Allee, zwischen
Onkel Tom Straße,
Sprungschanzen Weg,
Holzungsweg und Am Fischtal

erhalten

mitbeteiligte Architekten
Gartenarchitekten
Leberecht Migge
und Martha Willings-Göhre

Eigentümer
GEHAG und privat

Wohnform
insgesamt 1.915 Wohneinheiten,
davon 1.592 von Bruno Taut
verteilt auf
1.106 Geschosswohnungen
und 486 Einfamilienreihenhäuser

Planung
Bruno Taut (Martin Wagner
auch für I.-II. Bauabschnitt)

Bauabschnitte
I/II   1926-1927
III/IV   1927-1928
V   1929-1930
VI   1930-1931
VII   1931

Bauherr
GEHAG; Eigenheimsiedler

**Veränderung /
Wiederherstellung**
seit Ende der 1970er Jahre
sukzessive denkmalgerechte
Wiederherstellungen in der
gesamten Siedlung

Reihenhäuser an der Auerhahnbalz, BA IV, um 1928

Bereits ein Jahr nach dem Baubeginn der Hufeisensiedlung geht 1926 die GEHAG zusammen mit Martin Wagner ein weiteres großes Bauvorhaben an – die Waldsiedlung Onkel Toms Hütte. Sie zählt zu den herausragendsten städtebaulichen und architektonischen Leistungen, die der soziale Wohnungsbau der Weimarer Republik hervorgebracht hat.

Ausgewählt wurde ein weiträumiges Areal im Villenvorort Zehlendorf, das, landschaftlich reizvoll, am Rande des Grunewalds lichten Kiefern- und Birkenwaldbe-

Mehrfamilienhäuser am Waldhüterpfad, BA I, 1927

stand aufwies. Schon 1922 hatte der Bau-unternehmer Adolf Sommerfeld versucht, das ehemalige Pasewaldsche Terrain zwischen dem Ausflugslokal „Onkel Toms Hütte" und dem Fischtal zu bebauen – zunächst mit einer gartenstadtähnlichen Kleinhaussiedlung, dann nach einem von Fred Forbat aufgestellten Bebauungsplan mit einer Mischung aus Ein- und Mehrfamilienhäusern. Die Projekte scheiterten, da sich vor allem die Zehlendorfer Bezirksverwaltung gegen Stockwerksbauten und Einfamilienreihenhäuser wehrte; der Bezirk favorisierte den offenen Villenbau. Sommerfeld, beziehungsweise dessen „Allgemeine Häuserbau AG 1872", bot daraufhin 1926 das baureife Gelände nach Vermittlung von Martin Wagner der GEHAG an, die es erwarb und noch im gleichen Jahr mit der Errichtung der ersten Häuser an der Riemeisterstraße begann. Mit Wagners Hilfe und seinen guten gewerkschaftlichen und parteilichen Verbindungen zu Kommunalpolitikern gelang es, die Vorbehalte des Bezirks gegen eine neuzeitliche Großsiedlung mit farbigen, flachgedeckten Häusern zu überwinden.

Neben Bruno Taut wurden auch Hugo Häring und Otto Rudolf Salvisberg mit der

In 1928 the GEHAG acquired a spacious area in the villa suburb Zehlendorf. This is where the forested housing development "Waldsiedlung Onkel Toms Hütte" (Uncle Tom's Cabin) was built, with approximately 1,915 living units, 1,106 of them storey-apartments and 809 single-family row-houses.

In terms of town planning, the development was enlivened by striking outer rooms, charmingly displaced view perspectives, deeply-set staggered house units and specially accentuated crossing situations with spatial extensions. Taut united the long house-rows into large overall forms with snapped off endhouses, resulting in a wide courtyard, the so-called "Open Pine Courtyard."

The most outstanding portion from an artistic point of view is the district of owner-occupied homes between Am Hegewinkel and Hochsitzweg. Here Taut reveals himself a virtuoso at the apogee of his productivity. At no place is there any trace of that danger all too typical of rows – monotony.

Since the end of the 1970s a successive restoration of the original details and colours of the houses has taken place.

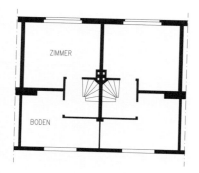

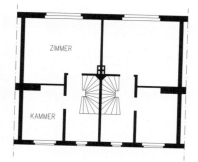

*Reihenhaustyp, BA V, Straßen- und
Gartenansicht*

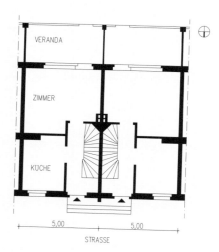

*Reihenhaustyp, BA V,
Erd-, Ober- und Dachgeschoss*

Bearbeitung einzelner Siedlungsteile betraut: Taut bekam den größeren nördlichen Abschnitt, Salvisberg den südwestlichen und Häring den südöstlichen Teil zugesprochen. Ein Gesamtplan existierte nicht; der Siedlungsgrundriss wuchs Stück für Stück unter Mitwirkung von Taut und auch Martin Wagner für die ersten beiden Etappen. Von den sieben Bauabschnitten mit insgesamt 1.915 Wohneinheiten – davon 1.106 Geschosswohnungen und 809 Einfamilienrei-

Am Wieselbau, BA V, 2000

henhäuser – lagen die ersten vier Etappen südlich der U-Bahnlinie. Dort gehören zum Siedlungsteil von Taut die Mehrfamilienhäuser zwischen Waldhüterpfad, Im Gestell und Riemeisterstraße sowie östlich davon die Etagenhäuser längs der Wilskistraße und die Einfamilienreihenhäuser an den Straßen Auerhahnbalz und Am Fischtal.

Mit nur zwei Haustypen und unter Verwendung der elementarsten gestalterischen Mittel sind im Bereich der Mehrfamilienhäuser subtile städtebauliche Lösungen entstanden, die im Siedlungsbau der 1920er Jahre ihresgleichen suchen. Ein-

„Kiefernhof", BA I, Hofseite, 1998

prägsame Außenräume, reizvoll verschobene Blickperspektiven, in die Tiefe gestaffelte Hauseinheiten, besonders akzentuierte Kreuzungssituationen mit platzartigen Erweiterungen bewirken ein lebhaftes Straßenbild. Immer stehen plane gelbe Hausfronten plastisch bewegten weiß-blauen Fassaden mit Balkonen gegenüber, wobei Treppenhäuser auf beiden Seiten eingearbeitet sind. Mit abknickenden Endhäusern fasst Taut die langen Hauszeilen zu Großformen zusammen, die westlich der Riemeisterstraße einen weiten Hof, den so genannten „Kiefernhof, offen" bilden. Eindrucksvoll ist die großzügige Weite des mit lichtem Kiefernwald bestandenen Blockinnenbereiches, zu dem die weiß-blauen Balkonseiten liegen: eine naturbelassene, gemeinschaftliche Grünfläche, die für die Fischtalfeste der Bewohner genutzt wurde.

Nördlich der U-Bahnstrecke, die im offenen Einschnitt verläuft, liegen die zuletzt fertiggestellten Bauabschnitte, die alle eine größere städtebauliche Eigenständigkeit zeigen. Ein abgeschlossenes Eigenheimviertel bildet die fünfte Bauetappe von 1929-1930 mit fünf parallel verlaufenden, etwas aus der Nord-Südrichtung verschobenen Straßen zwischen Am Hegewinkel

Auerhahnbalz, BA IV, 2000

„Peitschenknall", 2¹/²- Zimmerwohnungstyp

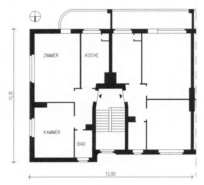

Wohnungstypen, Zeilen Argentinische Allee

„Peitschenknall", Straßenseite, 2000

und dem Hochsitzweg. Es ist der künstlerisch anspruchvollste Teilbereich der Onkel-Tom-Siedlung, in dem sich Taut auf dem Höhepunkt seines Wirkens virtuos als Städtebauer und „Meister des farbigen Bauens" zeigte. Der trapezförmige Siedlungsabschnitt umfasst dicht beieinander liegende Einfamilienhausreihen an sehr schmalen Wohnstraßen. Für den Betrachter fast unmerklich stellte Taut jede Hauszeile in ein feingliedriges Bezugssystem aus Baufluchtversetzungen, Lückenbildungen und verschobener Anordnung. An keiner Stelle entsteht die der Reihe innewohnende Gefahr der Monotonie, obwohl der Hauptteil des Viertels aus einem Reihenhaustyp von fünf Meter Breite besteht. Dazu trägt wesentlich die Farbe bei, die Taut hier derart stark und kontrastierend einsetzte, dass das Viertel auch unter dem Spitznamen „Papageiensiedlung" bekannt wurde. Farbe wird hier zum elementaren Bestandteil, „zu einem nicht entbehrlichen Baumaterial" [1], der Architektur und des Städtebaus. Geschickt setzte Taut „die verschiedene Aktivität der Farbe sowie ihre Leuchtkraft" [2] dazu ein, die Weiträumigkeit der Anlage zu betonen, den Kiefernwald einzubinden, die Himmelsrichtung der Häuser zu unterstützen und Raumerweiterungen sowie Begrenzungen zu schaffen. So erzielte er eine komponierende Wirkung bis in die letzte farbliche Einzelheit der Typenhäuser wie Fenster, Haustüren und Handläufe. Erstmalig wurden ganze Reihen mit Rücksicht auf den Sonnenstand zu einer farblichen Einheit zusammengefasst und nicht mehr Hauspaare durch einen alternierenden Anstrich hervorgehoben.

Die beiden letzten Siedlungsteile von 1930-1931 weisen zu beiden Seiten der mehrspurig ausgebauten Argentinischen Allee mit Stockwerksbauten am ehesten einen städtischen Charakter auf. Taut entwickelte ein Konzept aus abschirmender Geschlossenheit und offener Zeilenstruktur. Auf die Südseite der Allee legte er parallel zum U-Bahneinschnitt eine 450 m lange, dreigeschossige Randbebauung, zusammengefügt aus 33 Häusern eines einzigen Typs – ein „Peitschenknall", wie Taut selbst sagte, gedacht auch als Antwort auf die Provokation der GAGFAH-Steildachsiedlung am Fischtal von 1928. Zur Rückseite, zu den Mietergärten der Erdgeschosswohnungen orientierte Taut konsequent paarweise die Balkone, während die Straßenseite plan blieb. Sie folgt in konvexer Form dem Schwung der Straße und wird durch das Vorziehen der gelben Treppenhausbereiche derartig wellenartig rhythmisiert, dass das Auge die Kette der Hauseinheiten nur abschnittsweise überblicken kann und eine langweilige Gleichförmigkeit nicht aufkommt. Ein Vierfarbenrhythmus mit rot-blau-weiß-grünen Paaren für die schmalen Wandeinschnitte birgt zusätzliche Dynamik. Gegenüber, auf der Nordseite der Allee, liegen gedrehte Zeilenpaare, deren Eingangsseiten in engen, deren Loggienseiten in weiten begrünten Abständen sich gegenüberstehen.

Innerhalb nur eines Jahres konnten die 312 Wohnungen des letzten Bauabschnitts verwirklicht werden. Auf dem von den Hauptverkehrsstraßen geformten Grundstücksdreieck zwischen Riemeisterstraße und Onkel-Tom-Straße zeichnen in offener Zeilenbauweise dreigeschossige Randbauten den Grundstückszuschnitt nach. Taut suchte, den flachen Straßenfassaden durch unterschiedlich tief in den Laibungen sitzende Fenster Plastizität zu verleihen.

Riemeisterstraße, BA I, 1998

Nach einer eingehenden Befunduntersuchung und einem daraus abgeleiteten denkmalpflegerischen Konzept erfolgt seit Ende der 1970er Jahre eine schrittweise Wiederherstellung der ursprünglichen Detaillierung und Farbigkeit der Häuser. In einem größeren Verbund konnte ein Großteil der Mehrfamilienhäuser wiederhergestellt werden, während die im Privatbesitz befindlichen Einfamilienhäuser, auf Eigeninitiative angewiesen, punktuell denkmalgerecht erneuert wurden. Sie weisen auch die größten Veränderungen bei den Eingängen, dem Putz, der Farbigkeit und den Fenstern auf. Dem Wunsch, die offenen Terrassen dem Wohnraum ausgebaut zuzuschlagen, konnte mit einem einheitlichen Gestaltungskonzept entsprochen werden.

Argentinische Allee, BA VII, 1998

Wohnanlage Ossastraße | 1927-1928

Berlin-Neukölln
Ossastraße 9-16a, 36-36a;
Fuldastraße 37/39, 22-23a;
Weichselstraße 24-25

erhalten

Eigentümer
Stadt und Land Wohnbauten-
Gesellschaft mbH

Wohnform
188 Geschosswohnungen

Planung
Planungsbeginn 1926

Bauherr
Gemeinnützige Baugesell-
schaft Berlin-Ost mbH

**Veränderung /
Wiederherstellung**
Mitte der 1980er Jahre
Instandsetzung Fassaden
Fuldastraße 22-23a und
Ossastraße 36/36a,
1986-1987 denkmalgerechte
Wiederherstellung
Ossastraße 9-16a

Hofansicht Baublock Ossastraße, um 1929

Ende der 1920er Jahre fand Bruno Taut zu einer immer stärker reduzierten Architektursprache. Waren die frühen Siedlungsbauten, wie in der Siedlung am Schillerpark, von stark plastischen Elementen bestimmt, so trat später die kubische Großform mit glatten Putzflächen mehr in den Vordergrund. Exemplarisch hierfür sind die von ihm im Auftrag der „Gemeinnützigen Baugesellschaft Berlin-Ost" ausgeführten Blockschließungen an der Ossastraße und der Fuldastraße in Neukölln. .

In dem dichten Mietshausviertel des Arbeiterwohnbezirks waren drei städtische Grundstücke unbebaut geblieben, die die

Blick in die Ossastraße, um 1929

Ossastraße 36/36 A, um 1929

Stadt Berlin der Baugesellschaft zur Verfügung stellte. Während die beiden Parzellen Ossastraße 36-36a und Fuldastraße 22-23a nur schmale Lückenschließungen erforderten, musste zwischen Weichsel- und Fuldastraße ein blockbreites Baugelände überbaut werden. Hier gelang es Taut zu demonstrieren, dass auch ein über 170 Meter langer geschlossener Baukörper nicht unbedingt monoton und ausdruckslos erscheinen muss. Der mit kurzen Flügeln umgreifende Randbau setzt sich aus 15 Hauseinheiten zusammen, wobei an der Ossastraße jeweils Haustypen mit 1,5- und 2,5-Zimmer-Wohnungen alternieren. Taut legte konsequent die Treppenhäuser zur Straße, während er Wohnräume und Loggien zur sonnengewandten, ruhigen Gartenseite orientierte. Virtuos gelang es ihm, mit verblüffend wenigen Mitteln der bündigen Straßenfront Dynamik und Lebendigkeit zu verleihen. So liegen nur die Treppenhaus- und Erdgeschossfenster in tiefen Laibungen, die übrigen Wohnungsfenster sitzen putzbündig in der Mauerflucht. Die weiß gestrichene Hausreihe wirkt dadurch noch flächiger und bekommt fast den Charakter einer transparenten Hülle.

Vor allem aber erreichte Taut einen dynamischen Bewegungsfluss, indem er die Straßenfront an der Ossastraße im Gegensatz zur geraden Baufluchtlinie konkav aus-

A block-wide stretch of terrain had to be built upon between Weichselstraße and Fuldastraße. Taut demonstrates here that a closed building body of over 170 metres long does not necessarily have to be monotonous and lacking in expression.

He achieved a dynamic flow of movement by developing the street front on Ossastraße in a concave manner, opposed to the straight alignment. It terminates on the other side of Fuldastraße in a sharp curve. Taut perceived its sweep and led it further over the entire Ossastraße. Colourful accents provide a friendly mood.

On the narrow property on Ossastraße 36-36a, the mirrored housing-units are inserted into the environment by a uniform eaves height and an inclined roof. The verandas on the south side facing the street determine middle and outer axes with their protruding balustrades. The façade is painted in a yellow tone. The white street side of the houses on Fuldastraße 22-23a, on the other hand, has been kept flat.

A renovation of the building portion on Ossastraße 9-16a took place during the restoration, worthy of monuments, carried out in 1986-87.

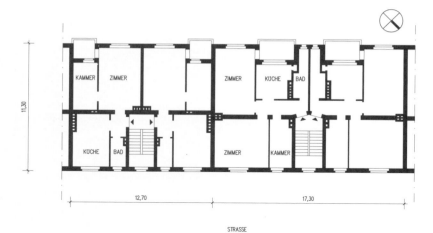

KAMMER ZIMMER ZIMMER KÜCHE BAD

KÜCHE BAD ZIMMER KAMMER

11,30

12,70 17,30

STRASSE

Ossastraße 9-19 A ,1$^{1/2}$- und 2$^{1/2}$-Zimmerwohnungstyp

Ossastraße 9-19 A, Straßenseite, 2005

bildete. Sie endet jenseits der Fuldastraße in einer starken Kurve. Ihren Schwung nahm Taut auf und führte ihn über die gesamte Ossastraße weiter. Um die Schwingung optisch noch zu verstärken, ist auch die Hauptgesimslinie gekrümmt geformt und mit einem breiten Band aus glasierten Keramikplatten geschmückt. Seine höchsten Punkte erreicht das Gesims an den jeweiligen Ecken der Weichsel- und Fuldastraße, wo die Wellenbewegung zudem durch sich öffnende Loggien verstärkt wird. Wenige Farbakzente, wie zwei- und dreifarbige Fenster sowie rote eiserne Halterungen für die Blumenkästen, sorgen für eine freundliche Stimmung. Taut erzielte eine heiteres, trotz der Reihung und Flächigkeit lebhaftes Fassadenbild – eine Architektur, die auf Baukörperversetzungen verzichten kann.

Beim schmalen Grundstück Ossastraße 36-36a musste Taut den Neubau in eine Reihe von Mietskasernen stellen. Die gespiegelten Hauseinheiten fügen sich durch eine gleiche Traufhöhe und ein geneigtes Dach nahtlos ein. An der Südseite zur Straße gelegte Loggien bestimmen mit ihren vorgezogenen Brüstungen Mittel- und Außenachsen. Hier ist die Fassade in einem gelben Ton gestrichen. Die weiße Straßenseite der drei Häuser Fuldastraße 22-23a ist wiederum flächig gehalten. Ihre Fenster liegen jedoch in farbig gestrichenen Laibungen und linksseitig wird mit einer vertikalen Reihe von Loggien zur Nachbarbebauung übergeleitet. Ausdrucksvoller gliederte Taut die Rückseite: durch Loggien, die mit abgeschrägten verfensterten Seitenwänden – hier liegen die Wohnräume – die Fassade sehr offen halten. Diese durch den ungewöhnlichen Grundrissschnitt der Zweizimmerwohnungen bedingte Gestaltung kommt nur bei diesem Projekt vor.

Bei der 1986-1987 durchgeführten denkmalgerechten Wiederherstellung kam es zu einer Erneuerung des Bauteiles Ossastraße 9-16a. Den Fassaden konnte ihre lichte weiße Transparenz mit den einzelnen farblichen Elementen zurückgegeben werden. Auch neue Keramikplatten wurden wieder am Dach angebracht.

Fuldastraße 22-23 A, Hofansicht, 1929

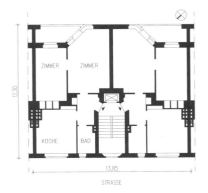

2-Zimmerwohnungstyp Fuldastraße

Ossastraße 9-19 A, Straßenseite, 2005

Wohnanlage Grellstraße | 1927-1928

Berlin-Prenzlauer Berg
Grellstraße, Hosemannstraße,
Rietzestraße,
Greifswalder Straße,
Naugarder Straße

erhalten

mitbeteiligter Architekt
Franz Hoffmann

Eigentümer
WIP und
BauBeCon

Wohnform
152 Geschosswohnungen

Bauabschnitte
2 Bauabschnitte

Bauherr
GEHAG

**Veränderung /
Wiederherstellung**
Ende der 1970er Jahre
Instandsetzungen,
Neuverputzung und Anstriche
2001-2005 denkmalgerechte
Wiederherstellung, bis auf Teile
der beiden südwestlichen
Wohnblöcke
(Gartenanlage: nur I. Bauab-
schnitt)

Kopfbau Grellstraße Ecke Greifswalder Str., um 1929

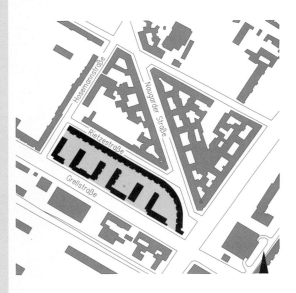

An der Grellstraße stand der GEHAG ein
lang gestreckter, unbebauter Ost-West-
Baublock zur Verfügung, der bis zur verkehrsreichen Greifswalder Straße vorreich-
te. Das Umfeld war wie heute geprägt von
berlintypischen Mietskasernen mit engen
Hinterhöfen. Es galt, dem Mietshaussystem
des 19. Jahrhunderts eine moderne großstädtische Lösung entgegenzustellen. Nach
der neuen Bauordnung wäre lediglich eine
Randbebauung mit größtenteils ungünsti-
ger Besonnung der Wohnungen möglich gewesen. Die schließlich nur mit Dispens der
Baupolizei realisierte Wohnanlage, die an

Gartenhofseite, links Bauteil Grellstraße, um 1929

die Offenheit moderner nordamerikanischer Wohnkomplexe erinnert, gehört zu Tauts eindrucksvollsten Arbeiten.

Zur Rietzestraße legte er abschirmend über die gesamte Blockbreite einen Randbau, der an der Greifswalder Straße Ecke Grellstraße in einen dynamischen Bogen ausläuft und die Ecke mit Loggien und einem Laden markiert. So konnte Taut eine gegensätzliche Bauform zur ruhigeren Grellstraße finden. Hier schloss er den Wohnblock mit einer offenen Bebauung aus L- und U-förmigen Hausgruppen auf, deren Flügel zeilenartig ins Blockinnere ragen. Die dadurch gebildeten begrünten Hofräume öffnen sich durch breite Lücken zur Straße hin und leiten so den Blick wie auch das Sonnenlicht ins Blockinnere. Dort ergibt sich eine Abfolge von offenen und geschlossenen Räumen – eine Binnengliederung von hoher Wohnqualität und identitätsstiftend zugleich.

Gestaltung und Grundrissteilung veranschaulichen Tauts städtebauliche Intention. Die lange Front aus 24 Häusern eines Typs an der Rietzestraße bleibt völlig plan, gegliedert nur durch die Verteilung der bündig sitzenden Fenster der Treppenhäuser und Bäder. Dagegen gesetzt ist die in Balkone aufgelöste Gartenhofseite, deren lebhafte

The buildings on Grellstraße are reminiscent of the openness found in modern American apartment complexes.

Taut placed an edge-building acting as a shield over the entire width of the block up to Rietzestraße. This comes to an end in a dynamic arc at the Greifswald corner of Grellstraße, marking the corner with verandas and a shop. Onto the quiet Grellstraße he then opened up the apartment block with an open construction of L-shaped and U-formed house groups, the wings of which project into the interior of the block, like a row.

The long front on Rietzestraße and Naugarder Straße remains level, organized only through the distribution of the economical, well-placed windows of the enclosed staircases, bathrooms and living rooms.

The curved building body in the north is surrounded by a bright, transparent white colouring. The only colour accents are set by the doors, windows and roof cornices in yellow ochre, red and black. The blocks on Grellstraße were painted grey-blue, bringing out the contrasting looser building style.

Bauteil Grellstraße, um 1929

Gartenhofseite, links Bauteil Grellstraße, 2005

Plastizität zum eindrucksvollen Erlebnis wird. Zu Doppelbalkonen zusammengelegt und in der Vertikale Raum für Abstellkammern bietend, bilden die vielen Balkone prägnante Vierfachkreuze. Ein mit Robinien bepflanzter Weg, der dem Schwung der Front folgt, betont die Dynamik der Gliederung zusätzlich. Die gegenüberliegenden südlichen Blöcke mit den größeren Wohnungen an der Grellstraße zeigen dagegen im Wechsel zur Straße und zu den Grünräumen breite vorgezogene Loggien – ein Abbild der offenen Raumstruktur.

Die Farbgebung ist nach den neuesten restauratorischen Ergebnissen entsprechend den beiden Bauabschnitten unterschiedlich gewesen. Den gebogenen, endlos wirkenden Baukörper im Norden umgibt im ersten Bauabschnitt zur Greifswalder Straße ein lichtes, transparentes Weiß, das membranhaft das Neue Bauen propagiert. Auch dies ein bewußtes Absetzen gegenüber der benachbarten grauen Mietshausbebauung. Nur die Türen und Fenster und Dachgesimse setzen mit Ockergelb, Rot und Schwarz Farbakzente. Allerdings wechselt die Farbgebung mitten im Block von weiß zu grau, markiert so den Beginn der zweiten Bauettappe von 1929-1930. Die Gartenseite mit den Balkonen bleibt dagegen wohl durchgehend weiß. Graublau und weiß waren vermutlich auch die Hausgruppen des ersten Bauabschnittes an der Grellstraße gehalten, während die später gebauten Blöcke bis zur Hosemannstraße hellgrün und weiß gefaßt waren. Wie an der Rietzestraße geht der Farbwechsel mitten durch einen Baublock, so daß zwei farblich unterschiedliche Wiederherstellungen nebeneinanderstehen.

Die (den Bauabschnitten entsprechend) zwei Eigentümern gehörende Wohnanlage wurde bis auf Teile der zweiten Etappe nach Befund und denkmalpflegerischen Auflagen von 2001 bis 2005 wiederhergestellt. Auch die Gartenanlage des ersten Bauabschnittes ist wieder in ihrer ursprünglichen Form entstanden. Noch aus der Zeit der DDR stammt wohl der Madenputz der beiden südwestlichen Blöcke sowie der alte rückwärtige weiße Anstrich des langen Baublocks an der Rietzestraße, der auch zum zweiten Bauabschnitt gehört.

Randblock Rietzestraße, 2005

Bauteil Grellstraße, 2005

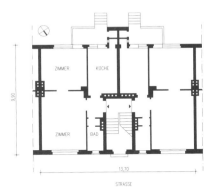

2-Zimmerwohnungstyp, Erdgeschoss

Haus des Deutschen Verkehrsbundes | 1927-1932

Berlin-Mitte
Michaelkirchplatz 1-2,
Engeldamm 70
verändert erhalten

mitbeteiligte Architekten und Künstler
Franz Hoffmann, Max Taut
Rudolf Belling (Bildhauer)

Eigentümer
Verdi

Bauherr
Deutscher Verkehrsbund

Veränderung / Wiederherstellung
1949-51 Wiederaufbau
1996-98 Sanierung und
Wiederherst. d. Foyers und
Haupttreppenhauses

1. Entwurf von Bruno Taut, um 1926

Sitzungssaal mit Reliefs von Belling, um 1932

Zu den wenigen öffentlichen Gebäuden im Werk von Bruno Taut gehört die Verwaltungszentrale des Deutschen Verkehrsbundes im Zentrum Berlins. Das Verbandshaus der freigewerkschaftlichen Organisation für die Bereiche Handel, Transport und Verkehr entstand von 1927 bis 1932 auf einem Eckgrundstück am Michaelkirchplatz. Lange Zeit war die Zuschreibung des Gebäudes umstritten, da Formenapparat und Bauaufgabe eher für Bruno Tauts Bruder Max stiltypisch waren. Die Forschung konnte nun die Autorenschaft Bruno Tauts nachweisen. Max Taut hatte erst ab März 1932 die Fertigstellung des Gebäudes übernommen, da sein Bruder sich ab diesem Zeitpunkt in Moskau aufhielt.

In einem ersten Entwurf sah Taut einen viergeschossigen Rechteckskörper mit Mittelrisalit vor, der die Stahlskelettkonstruktion und die Funktionalität des Gebäudes deutlich zum Ausdruck bringen sollte. Gitterartig überzieht ein strenges Raster aus Stützen und seriell gereihten Fenstern die Fassaden. Der Bauherr lehnte dieses Konzept aber ab, da er eine repräsentativere Formgebung wünschte. Beim zweiten Entwurf, der dann größtenteils ausgeführt wur-

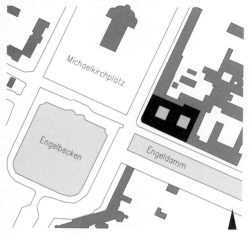

Straßenansicht, um 1932

Straßenansicht,1994

de, entschied sich Taut für eine eher zeittypische Lösung. Der plastisch durchgearbeitete Bau ist nun mit abgerundeter Ecke und breiten, fließenden Brüstungsbändern in Gliederung und Stil an der Dynamik und Eleganz der Geschäftshäuser von Erich Mendelsohn und Hans Poelzig orientiert. Dem Repräsentationsanspruch des Bauherrn „Gewerkschaft" wurde mit dem traditionellen Motiv des Eingangsrisalits Genüge getan. Allerdings verwies die Farbgebung – die mit Muschelkalkplatten verkleideten Brüstungen waren vermutlich dunkel gestrichen, die Fenster dagegen weiß – auf Tauts spezifische Entwurfspraxis, Farbe als architektonisches Gestaltungselement einzusetzen.

Noch mehr zeugte das Innere mit wertvollen Materialien und viel Bauschmuck vom Selbstdarstellungsbedürfnis des Verbandes. Für die sechs Reliefs im Sitzungssaal, die friesartig die seitlichen Brüstungen der Oberlichter des trapezförmigen Raumkubus rahmten, hatte Taut den Bildhauer Rudolf Belling gewonnen. Sie versinnbildlichten die einzelnen Berufszweige der Gewerkschaft. Der Saal gehörte zu den eindrucksvollsten Raumschöpfungen von Bruno Taut.

Die schweren Kriegsschäden wurden 1949-1951 beseitigt, wobei Fassade und Fenster gemäß des ursprünglichen Gliederungssystems eine Erneuerung erfuhren. Die Werksteinverkleidung der Fassade wurde vermutlich teilweise durch neue Muschelkalksteinplatten ersetzt. Im Inneren haben sich nur der Eingang und das Haupttreppenhaus erhalten, die 1996-1998 bei einer Grundsanierung denkmalgerecht erneuert worden sind. Bei dieser Sanierung wurden einzelne Umbauten im Inneren und ein erneuter Austausch der Fenster vorgenommen. Die Ausstattung des Sitzungssaals mit den Reliefs von Belling ist zerstört.

The Central Administration Office of the German Traffic Association is one of Bruno Taut's few public buildings in Germany.

The plastically developed building is orientated on the dynamic, elegant commercial buildings of Mendelsohn and Poelzig in organisation and style, with its rounded corner and broad, flowing balustrade bands. However, the colouring – the balustrades camouflaged with limestone plates were probably painted dark, with the windows white – referred to Taut's specific design practice of using colour as an architectonic formal element.

The interior bears witness to the building owner's need of architectonic interest, with its valuable materials and ornamentation. Taut recruited the sculptor Rudolf Belling to create the reliefs in the conference hall.

The extensive damage during the War was repaired in 1949-1951, whereby façades and windows were renovated according to the original system of organization. Of the interior, only the entrance and main staircase have remained intact; these were restored in 1996-1998 during a general repair, as befits a monument. The furnishings of the conference hall were destroyed.

Gemeinschaftsschule am Dammweg, Versuchspavillon | 1928

Berlin-Neukölln
Dammweg 216

erhalten

Nutzung
Schulgebäude

Eigentümer
Land Berlin

Planung
Planungsbeginn 1927

Bauherr
Bezirksverwaltung Neukölln

**Veränderung /
Wiederherstellung**
denkmalgerechte Wiederherstellung 1997

Probeklasse, um 1928

Pavillon vor der Wiederherstellung, vor 1997

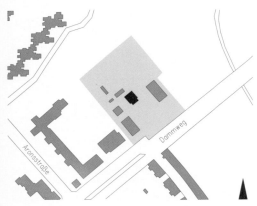

Während der Weimarer Republik wurde auch der Schulbau einer grundlegenden Reform unterzogen. Pädagogen und Architekten arbeiteten dabei aufs Engste zusammen. Bruno Taut und der Schulreformer Dr. Fritz Karsen, die ab 1927 unter dem Motto „Modell für die Schule der Zukunft" gemeinsam das Konzept einer ersten Gesamtschule für 2.000 bis 2.500 Schüler entwickelten, galten als eines der progressivsten Teams.

Das riesige Baugelände am Dammweg (es umfasste eine 142.700 Quadratmeter große Fläche) lag im Arbeiterwohnbezirk Neukölln. Es grenzte an eine Grünanlage und sollte raumgreifend von einer Wohnbebauung umschlossen werden.

Reformpädagogischer Grundgedanke war, Kindergarten, Grund- und Mittelschule sowie Gymnasium in einem „Gesamtorganismus" zu einen, um mit einem breiten Bildungsangebot die unterschiedlichen Fähigkeiten der einzelnen Schüler anzusprechen. Taut sah einen lang gestreckten eingeschossigen Bau mit höheren Querriegeln vor, der sich in weit geschwungenem Bogen von Nord nach Süd dehnen sollte. Die Gründe für die Bevorzugung eines Flach-

wiederhergestellter Pavillon, 1998

wiederhergestellter Klassenraum, 1998

baus gegenüber einem Hochbau lagen in der Rationalisierung der Verkehrswege, einer optimalen Belichtung der einzelnen Räume und der engen Verbindung zur Außenwelt. Das Raumkonzept folgte der Addition einzelner pavillonartiger Klassenräume entlang eines von Oberlicht erhellten Mittelgangs. Dieser sollte sich an markanten Knotenpunkten hallenartig zu Gemeinschaftsräumen und Turnhallen öffnen.

Taut plante den Bau mitten in den Grünraum einer großen Wohnsiedlung. Neben der Vermeidung von Straßenlärm gründete sich diese städtebauliche Idee auf den sozialreformerischen Ansatz, die Schule als den zentralen Mittelpunkt im Leben der Gemeinschaft zu betrachten.

Weder Tauts Gesamtentwurf noch die von ihm geplante Wohnsiedlung kamen zur Ausführung. Um Konstruktion, Material und Belichtung zu testen, wurde 1928 in der Nähe des Baugeländes eine „Probeklasse" in Eisenbeton gebaut. Die Gestaltung des Klassenraums mit freier Gruppierung der Tische und Stühle orientierte sich an neuen Unterrichtsformen.

Dieser Versuchspavillon ist das einzige erhaltene Zeugnis von einem der wichtigsten Schulbauprojekte der Weimarer Republik. Bereits in den 1930er Jahren wurde er zu einer Hausmeisterwohnung umgebaut, wenig später als Werkstatt und Lager genutzt. Erst 1998-1999 ist der Pavillon auf Basis eines detaillierten Instandsetzungskonzepts der TU Berlin wiederhergestellt worden. Grundlegende Maßnahmen waren die Rückgewinnung der Kubatur und die Öffnung der zentralen Fensterfront.

Projekt zur Gemeinschaftsschule, um 1927

This trial pavilion is the only remaining testimony to one of the most important school building projects of the Weimar Republic. From 1927 Bruno Taut and the school reformer Dr. Fritz Karsen had developed the concept of a first comprehensive school.

Taut intended a long, extended one-storey building, stretching from north to south in a wide, sweeping arc. The spatial concept followed the addition of individual pavilion-like classrooms along a central gangway.

Neither Taut's overall design nor the housing development he planned were executed. In order to test construction, material and lighting, a "trial classroom" out of iron-concrete was constructed in 1928 near the building site.

During the 1930s the pavilion was remodelled and later used as a workshop and storehouse. A reconstruction only took place in 1998-1999.

Wohnanlage Normannenstraße | 1928

Berlin-Lichtenberg
Normannenstraße
Ecke Ruschestraße

zerstört

Wohnform
70 Geschosswohnungen

Bauherr
Gemeinnützige Baugesell-
schaft Berlin Ost mbH

Zeileninnenraum, um 1929

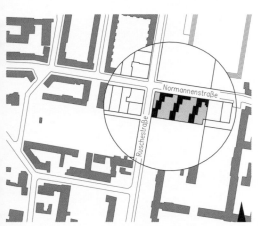

○ *Situationsplan 1929*

1928 wurde der städtischen „Gemeinnützi-gen Baugesellschaft Berlin Ost" von der Stadt ein großes, von der Normannen- und Ruschestraße gebildetes Eckgrundstück zur Verfügung gestellt. Die Baugesellschaft beauftragte Bruno Taut mit der städtebau-lichen Erschließung des Geländes und dem Entwurf von Etagenhäusern. Dieser schlug anstelle einer Blockrandschließung, die nicht nur eine ungünstige Besonnung der Wohnun-gen bewirkt, sondern auch die Tiefe des Grundstücks nicht ausgenutzt hätte, eine nord-süd-gerichtete Zeilenbauweise vor, al-lerdings mit einer lockeren Aufstellung der Hausreihen.

So sorgten bei den drei Zeilen jeweils um vier Meter gegeneinander versetzte und ge-wendete Hauseinheiten für eine lebhafte Staffelung in der Tiefe, die darüber hinaus eine bessere Besonnung und Durchlüftung der Wohnungen gewährleistete. Zu den of-fenen durchgrünten Innenräumen, die an der Normannenstraße durch flache Ge-schäftsanbauten an den Zeilenköpfen et-was begrenzt waren, lagen dadurch auf je-der Seite sowohl Treppenhäuser mit ihren Eingängen als auch überaus breite Balkone. Es ergab sich eine ausnehmend vielgestalti-

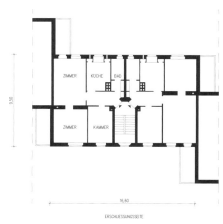

Das Neue Berlin, 1929, Heft 2 (Titelbild)

Hauseinheit mit 2¹/²- Zimmerwohnungen

ge Binnengliederung, die überhaupt nichts von der üblichen Zeilenmonotonie spüren ließ.

Ein Merkmal der Wohnanlage an der Normannenstraße waren die über Eck gezogenen, verglasten Balkone, die das Neue Bauen besonders charakterisierten. Sie boten zusammen mit den Loggien einen Ausblick auf die gärtnerischen Anlagen des gegenüberliegenden Sportplatzes. Die vermutlich weiß gestrichenen, großstädtisch modernen Etagenhäuser schienen mit ihren kubischen Flachdächern so viel Vorzeigecharakter zu besitzen, dass sie auf einer der Titelseiten der von Martin Wagner herausgegebenen Monatszeitschrift „Das Neue Berlin" abgebildet wurden.

Leider mussten die vom Krieg unversehrten Zeilenbauten 1979 einem Neubau der Zentrale für den Staatssicherheitsdienst weichen.

The multi-storey houses, probably painted white, with their flat, cubistic roofs, seemed to have so much to show off that they appeared on the cover of the monthly magazine "Das Neue Berlin," published by Martin Wagner.

The housing units, placed and turned opposite each other four metres apart, in three rows extending from north to south, achieved a lively formation in depth, moreover guaranteeing better ventilation and more sunshine in the apartments. Enclosed staircases and very wide balconies were on each side by the open green inner rooms, somewhat limited at the ends of the rows on Normannenstraße with flat commercial buildings. There arose a multi-dimensional integration that bore no trace at all of the usual row-house monotony.

A characteristic of the apartment complex was, moreover, the glazed balconies in the house corners; this was especially typical of the New Architecture. Unfortunately the row-houses had to give way to the new construction of the Central Office for the State Security Service during the GDR period.

Normannen-, Ecke Ruschestraße, um 1929

Wohnstadt Carl Legien | 1928-1930

Berlin-Prenzlauer Berg
beiderseits der
Erich-Weinert-Straße
(ehem. Carmen-Sylvia-Straße),
zwischen Gubitz- und
Sültstraße

erhalten

mitbeteiligter Architekt
Franz Hillinger

Eigentümer
BauBeCon

Wohnform
1.145 Geschosswohnungen

Versorgungseinrichtungen
2 Wäschereien,
Zentralheizwerk

Planung
Planungsbeginn 1925
Bebauungsplan Bruno Taut
mit Franz Hillinger

Bauabschnitte
3 Bauabschnitte

Bauherr
GEHAG

**Veränderung /
Wiederherstellung**
ab 1995 denkmalgerechte
Wiederherstellung

Kopfbauten an der Erich-Weinert-Straße, um 1930

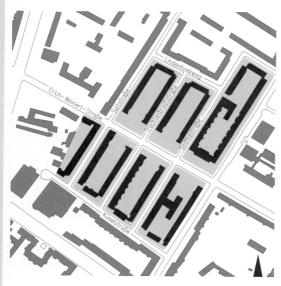

Eine der letzten gewerkschaftlich-genos-
senschaftlichen Großsiedlungen, die unter
der Ägide des Berliner Stadtbaurats Martin
Wagner entstanden waren, bevor es 1931
mit der Brüningschen Notverordnung zur
Streichung staatlicher Fördermittel kam, ist
die „Wohnstadt Carl Legien". Die bereits zu
ihrer Entstehungszeit nach dem früheren
Vorsitzenden des Allgemeinen Deutschen
Gewerkschaftsbundes (ADGB) benannte
Siedlung für rund 4.000 Bewohner ließ die
GEHAG von 1929 bis 1930 bauen. Neben
Bruno Taut wirkte auch der Leiter des Ent-
wurfsbüros der GEHAG, Franz Hillinger, an
ihrer Entstehung mit.

Luftbild, um 1930

Als städtischste und kompakteste Großsiedlung nimmt die Wohnstadt eine Sonderrolle im Schaffen Bruno Tauts ein. Nicht weit draußen an der Peripherie, wie bei den Britzer und Zehlendorfer GEHAG-Siedlungen, sondern im innerstädtischen Bezirk Prenzlauer Berg, in Reichweite dichter Mietshausviertel bewies Taut, dass man mit den Grundsätzen des Neuen Bauens auch städtisch besser bauen kann. Geplant waren drei Bauabschnitte, aber nur der erste und zweite Bauabschnitt konnten bis 1930 umgesetzt werden. Die nördlich anschließende dritte Etappe mit 400 Wohnungen blieb Projekt. Insgesamt entstanden 1.149 Wohnungen mit 1,5 bis 4,5 Zimmern, wobei die Kleinstwohnungen mit bis zu zwei Zimmern mit einem Anteil von mehr als 80 Prozent überwogen. Trotz innenstadtnaher Lage erhielt die Siedlung eine eigene Infrastruktur, die sie einstmals mit zwei Wäschereien und einem Zentralheizwerk sowie Läden weitgehend autark machte.

Auf dem begrenzten Baugrundstück mit festgelegtem Straßenraster ließ die Berliner Bauzonenordnung bis zu fünf Geschosse zu, und der hohe Grundstückspreis bedingte eine wirtschaftlich hohe Wohndichte. Dennoch gelang es Taut, inmitten der Stadt den Eindruck von aufgelockertem Wohnen

The residential area "Wohnstadt Carl Legien" occupies a special place in Bruno Taut's production; it is the most urban and compact of his large apartment complexes. 1149 apartments with 1.5 to 4.5 rooms each were built altogether. Despite its inner city location, the development had its own infrastructure.

Taut defined the garden-design of the yard as the midpoint of living, and believed that living next to the street was of less quality. He combined the row-house and edge-block building methods to form six extended, U-formed apartment blocks widely opening up in pairs onto Erich-Weinert-Straße on both sides. He consistently placed all the main rooms of the apartments towards the green courtyards.

The façades were uniformly developed. Colour here becomes an integral ingredient of the architecture.

Closed on the outside, open on the inside – this principle is one of the determining elements of the residential area in terms of town planning.

The restoration of the development has been taking place since 1994. The residential area has been designated for inclusion on the UNESCO list of World Cultural and Natural Legacies.

141

Wohnhof an der Erich-Weinert-Straße, um 1931

Wohnhöfe an der Erich-Weinert-Straße, um 1930

im Grünen mit einer dem Licht und der Luft geöffneten Bauweise zu erzielen. Er stellte gleichsam das alte hierarchische Mietskasernensystem auf den Kopf, indem er den gärtnerisch gestalteten Hof als Mittelpunkt des Wohnens neu definierte und dem Wohnen zur Straße einen geringeren Wert zusprach. Dafür wird die Zeilen- und Blockrandbauweise zu sechs lang gestreckten, U-förmigen Wohnblöcken kombiniert, die sich paarweise zur Erich-Weinert-Straße beidseitig weit öffnen. Das Profil der umliegenden Wohnstraßen wird äußerst eng gehalten. Konsequent legte Taut alle Haupträume der Wohnungen mit ihren hausbreiten Loggien oder vorgestellten Hauslauben zu den Grünhöfen und Nebenräume wie Bad oder Küche zur Straße.

Entsprechend einheitlich sind die Fassaden ausgebildet. Trotzdem schaffen identitätsstiftende Momente ein unverwechselbares Bild der Wohnstadt. Sie sind zu ihren Markenzeichen geworden: eine polychrome Baumassengliederung, die räumliche und funktionelle Zusammenhänge aufzeigt, sowie eine raumgreifende Architektur, die eine natürliche Monumentalität kreiert. Letztere beruht besonders auf der rhythmischen Folge erhöhter Kopfbauten mit geschwungenen Eckbalkonen an der Erich-Weinert-Straße, die mit einem begleitenden Grünstreifen zur zentralen Nachbarschaftsachse der Wohnstadt mit Läden und Restaurants ausgebaut worden ist: „Hier ist die Verkehrsstraße selber (...) zu einem Gestaltungselement geworden."[1] Man erfährt an diesem Ort die einzigartige städtebauliche Wirkung der Wohnstadt als ein Raumkontinuum von sich ergänzenden begrünten Hof- und Straßenräumen, die einst zu sinnlichen Farbräumen verschmolzen.

Ähnlich wie in Britz wird die Farbe zu einem integralen Bestandteil der Architektur, hat sie räumliche Zusammenhänge sinnfällig zu gliedern. So sind die engen Straßenräume in einem sonnigen Gelb gehalten, was sie optisch auseinandergezogen erscheinen lässt. Die lichte Farbe fasst die hohen Kopfbauten an der Erich-Weinert-Straße mit ein, so dass über die Straße hinweg der räumliche Bezug der offenen Wohnhöfe betont wird. Zudem bilden die gegenüberliegenden Höfe eigene intensive Farbräume. Um ihre Weiträumig-

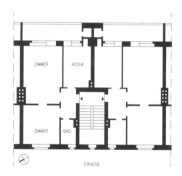

Zeilenkopf, Sondertyp 3¹/²-Zimmerwohnung

2 Zimmerwohnungstyp

Sodtkestraße 20-36, Gartenansicht, 1995

143

Straßenfassade Trachtenbrodtstr. 2-18, 1997

Trachtenbrodtstraße 18, 1998

keit zu steigern, bekamen sie paarweise einen rotbraunen, blauen oder dunkelgrünen Anstrich.

Nach außen abgeschlossen, nach innen offen – dieses anschaulich vorgeführte Prinzip ist eines der bestimmenden städtebaulichen Elemente der Wohnstadt. Vor allem die Orientierung der Wohnungen zu halboffenen Höfen hin mit plastisch wirkenden Loggien weist Analogien zur Rotterdamer „Tusschendjken-Siedlung" von J. J. P. Oud auf. Dort hatte Tauts Kollege und Freund bereits 1919 die Wohnungen zum Hof hin gerichtet und durchgehende Loggien angebracht, die aber nur das Erdgeschoss umgeben. Erst Taut baute sie zu einem über alle Geschosse reichenden, umfassenden Loggiensystem aus, das, farblich abgesetzt, dem eigentlichen Baukörper vorgelagert ist.

Baukünstlerisch und wohnungspolitisch war es Taut so in hervorragender Weise gelungen, die damaligen sozialen und wohnhygienischen Forderungen nach „Licht, Luft und Sonne" mit den ästhetischen Prinzipien des Neuen Bauens zu verbinden. Mit den im Grundriss optimal organisierten Kleinwoh-

nungen, die aufgrund ihrer üppig geschnitte-
nen Sonnenloggien zu einem Sinnbild der
neuen Wohnkultur wurden, war ein völlig neuer Typus von Großstadtwohnung entstanden.
Wegen nicht denkmalgerechter Renovie-
rungen nach dem Krieg sowie nicht vorhan-
dener Pflegepläne und Mittel zur Instandsetzung während der DDR-Zeit sind um-
fängliche Sanierungs- und Wiederherstellungsmaßnahmen in der gesamten Siedlung dringend notwendig gewesen. Ein Anfang wurde 1994-1995 mit der Putz- und
Farbrekonstruktion der Häuser Trachtenbrodtstraße 2-18 und Sotkestraße 20-36
Ecke Erich-Weinert-Straße gemacht. Mit
der anschließenden Modernisierung der
Wohnungen ist auch die Weiterführung der
denkmalgerechten Erneuerung der Siedlung verbunden, die noch anhält. Die Wohnstadt Carl Legien ist als eine von sechs ausgewählten Berliner Siedlungen der 1920er
Jahre für die Eintragung in die UNESCO-Liste des Kultur- und Naturerbes der Welt
vorgesehen.

Hofseite Sodtkestr. vor der Sanierung, 1992

Wohnung Sodtkestraße 5, Farbrekonstruktion, 1993

Hofseite Sodtkestr. nach der Sanierung, 1997

Siedlung Ideal | 1929-1930

Berlin-Britz,
Buschrosenplatz,
Franz-Körner-Straße,
Rungiusstraße

erhalten

mitbeteiligter Architekt
Leberecht Migge,
Gartenarchitekt

Eigentümer
Baugenossenschaft IDEAL eG

Wohnform
ca. 350 Wohneinheiten, davon
340 Geschosswohnungen und
1 Reihenhaus mit
10 Einfamilienhäusern

Versorgungseinrichtung
1 Waschhaus

Planung
Planungsbeginn 1925

Bauabschnitte
I   1929
II/III 1929-1930

Bauherr
Baugenossenschaft
IDEAL GmbH

**Veränderung /
Wiederherstellung**
1951 Wiederaufbau der
kriegszerstörten Häuser
Franz-Körner-Straße 69b-69c
und Hippelstraße 25, 31
1954 Instandsetzung der
Fassaden
nach 1990 Modernisierungsmaßnahmen 2003-2004
Teilwiederherstellung der
Fassadenfarbigkeit

Blick von der Pintschallee zum Innenhof, um 1930

Als Chefarchitekt der GEHAG begleitete Bruno Taut über mehrere Jahre die Bauvorhaben der Baugenossenschaft IDEAL in Britz. Die in enger Zusammenarbeit mit der Baugenossenschaft geschaffenen Siedlungshäuser bewertete Taut später als „die modernsten und zugleich die am liebevollsten geschaffenen (...) neuen Bauten Berlins."[1] Von 1929 bis 1930 entstanden in drei Bauabschnitten 350 Wohneinheiten – bis auf zehn Einfamilienhäuser alles Geschosswohnungen, überwiegend in Nord-Süd-Zeilen.

Die Wohnzeilen und Reihenhäuser von Bruno Taut setzen sich in ihrem modernen, sachlichen Stil deutlich von den altertüm-

Zeilen an der Franz-Körner-Straße, BA III, um 1930

lichen, süddeutsch geprägten Häusern der ersten Bauphase ab, die von 1912 bis 1919 nach Entwürfen von Deute & Paul und C. Bücklers westlich der Pintschallee entstanden waren. An der Franz-Körner-Straße fügte Taut an die zweigeschossige Altbebauung zehn Einfamilienreihenhäuser eines Typs an. Mit ihren betont flächig gehaltenen Fassaden gehören sie zu den modernsten Reihenhäusern, die Taut entworfen hat. Zugleich ist der verwendete Haustyp mit vier Metern das schmalste gebaute GEHAG-Reihenhaus, das hier zu fünf Doppelhäusern zusammengefasst wird.

Das avantgardistische Aussehen der Häuser erreichte Taut mit nur wenigen Mitteln: putzbündig sitzende großflächige Fenster, in wechselnden Formen konstruktivistisch über die Straßenfassade verteilt, sowie flache knappe Dächer. Des Weiteren sind die zusammengefassten Häuser nur durch Regenfallrohre und gemeinsame Vordächer kenntlich gemacht. Der über drei Geschosse verlaufende Grundriss teilt sich nach außen mit: das große verglaste Treppenhaus über ein Fensterband sowie die hausbreiten Wohn- und Schlafzimmer im Erd- und Obergeschoss durch eine breite dreiflügelige Fensterfront zum Garten. Als Besonderheit

In their objective style, the apartment complexes and row-houses of Bruno Taut's development "Ideal" are clearly different from the traditional, South German-influenced houses of his first constructive phase.

Taut achieved an avant-garde appearance with economical means: broad-surfaced windows well placed in the rough-cast plaster, with constructivist distribution in alternating forms above the street-side façade, as well as flat, short roofs.

Further to the west, two L-shaped three-storey apartment blocks are attached, embracing garden-like court-yards with their wings. All the other buildings are three-storey rows in a favourable north-south orientation.

The longer rows are impressively constructed; the head-buildings border on a garden area like clamps, but leave broad openings onto the bordering streets. Sun verandas extending above the overall façade on both sides face towards the inner area with the gardens. The smoothly plastered street-side façades have been kept flat, in a reserved manner. The courtyard sides with set-down verandas have been treated more colourfully.

147

Wohnzeilen, Eingangs- und Hofseite

Kopfbau einer Zeile an der Hannemannstraße, 2005

waren die Küchen vollständig mit dem von Grete Schütte-Lihotzky entwickelten Einbauküchentyp ausgestattet.

Weiter westlich schließen sich zwei L-förmige Wohnblöcke an, die mit ihren Flügeln gärtnerisch angelegte Höfe umfassen. Dort gliedern die für Taut typischen T-förmigen Balkone plastisch die Fronten. Alle anderen Bauten sind dreigeschossige Zeilen in der für die Wohnungen günstigen nord-südlichen Orientierung. Sie liegen im Siedlungsteil zwischen Rungiusstraße und Buschrosenplatz.

Reihenhäuser F.-Körner-Str., 2005

Außergewöhnlich eindrucksvoll sind in diesem Abschnitt die längeren Zeilen gestaltet, die mit Kopfbauten klammerartig einen Gartenhof begrenzen. Beiderseits über die gesamte Fassade laufende breite Sonnenloggien liegen zum Innenraum mit den nach Plänen von Leberecht Migge angelegten Mietergärten. Dieser ist ein intimer halböffentlicher Wohnhof, ein Außenwohnraum für die Mieter, den Taut in ähnlicher aber großstädtischer Form in der Wohnstadt Carl Legien anlegen ließ. Die glatt geputzten Straßenfassaden sind sehr zurückhaltend flächig gestaltet. Im Gegensatz dazu wurden die Hofseiten mit den abgesetzten Loggien stärker farbig behandelt. Besonders hervorgehoben sind die Kopfbauten an den Straßenkreuzungen, die in einem kraftvollen dunkleren Farbton die Zeilenenden der hell gefassten Innenseiten markieren. Ein axiales Wegenetz vom Buschrosenplatz bis zur Rungiusstraße mit Durchgängen in den Zeilen verbindet die Siedlungteile und macht die verschiedenen, stark durchgrünten Siedlungsräume erlebbar.

Franz-Körner-Straße 63, 2004

Auf der Nordseite der Franz-Körner-Straße, an der Einmündung der Rungiusstraße ließ die GEHAG im Auftrag der Genossenschaft zwischen 1931 und 1933 nach eigenem Entwurf weitere kurze Zeilen errichten, vermutlich jedoch ohne Beteiligung von Taut. In den 1950er Jahren wurden die im Krieg zerstörten Häuser an der Franz-Körner-Straße und an der Hippelstraße verändert wieder aufgebaut. 2003-2004 erhielten die ersten hofseitigen Fassaden der beiden Blöcke östlich der Rungiusstraße ihre frühere Farbgebung zurück.

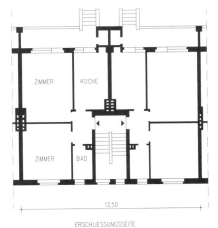

ZIMMER KÜCHE

ZIMMER BAD

13,50

ERSCHLIESSUNGSSEITE

Wohnzeile, 2-Zimmerwohnungstyp

Wohnanlage Attilahöhe | 1929-1930

Berlin-Tempelhof
Attilastraße 10-17,
Tankredstraße 1-15

verändert erhalten

mitbeteiligter Architekt
Franz Hoffmann

Eigentümer
Berliner Bau- und Wohnungsgenossenschaft von 1892 e. G.

Wohnform
118 Geschosswohnungen

Planung
Planungsbeginn 1928
Bebauungsplanung Bruno Taut
mit Franz Hoffmann

Versorgungseinrichtungen
Wäscherei, Zentralheizwerk,
Kindergarten

Bauherr
Berliner Spar-
und Bauverein eGmbH

**Veränderung /
Wiederherstellung**
1936-1937 Blockschließung
von Franz Hoffmann
1951-1952 Wiederaufbau
Tankredstraße 1-9
von Franz Hoffmann

Gemeinschaftshaus Tankredstraße, um 1930

Das letzte Wohnungsbauprojekt, das Bruno Taut in Zusammenarbeit mit dem „Berliner Spar- und Bauverein" in Angriff nahm, war die Wohnsiedlung „Attilahöhe" im Bezirk Tempelhof. Für das dreieckige Gelände zwischen Alboinstraße, Totilastraße und Attilastraße hatte Bruno Taut 1928 einen Bebauungsplan aufgestellt.

Kernstück seines Entwurfs war ein rautenförmiger Baublock, der die südliche Spitze des Dreiecks besetzte und für den Taut auch die Ausarbeitung der Baupläne übernahm. Mit der Ausführung der nördlichen Blöcke wurden Otto Rudolf Salvisberg und Paul Zimmerreimer beauftragt. Allerdings konnte Taut bis 1930 nur die östliche Hälfte seines Blocks realisieren. Erst 1936-1937 kam es zu einer Blockschließung, die von Franz Hoffmann, Tauts langjährigem Büropartner, vorgenommen wurde. Es entstand ein großer geschlossener Wohnhof, umgeben von drei- und viergeschossigen Häusern, zu dem im Wechsel Balkone lagen.

Ein derart weiträumiger Baublock mit geschlossener Umbauung entsprach eigentlich nicht Tauts Vorstellung von Städtebau. Entscheidend waren wohl seine Lage innerhalb des Gesamtplans und die Idee, eine

////// *veränderter Wiederaufbau*

Gemeinschaftshaus an der Tankredstraße, Hofseite, 2002

gemeinschaftsbildende Form zu schaffen. So gab es denn auch ein Gemeinschaftsgebäude, das im Fluchtpunkt der Wittekindstraße auf die Siedlung des Bauvereins aufmerksam machte. Der Zentralbau beherbergte Wohnungen, Läden, einen Kindergarten, die Heizzentrale und hofwärts angeschlossen eine Wäscherei in einem Flachbau. Die Gemeinschafts- und Versorgungseinrichtungen prägten unverkennbar die Architektur des Hauses und zeigten für Taut ungewöhnliche, große Glasflächen.

Überraschend plastisch präsentiert sich die Rückfront. Dort rhythmisieren äußerst kraftvoll die fünf massigen Klinkerschornsteine der Heizzentrale mit dazwischen gehängten Balkonen die Fassade. Mit den über die Traufe gezogenen Schloten wirkt der Bau auf dieser, den Mietern zugewandten Seite wie ein Monument des genossenschaftlichen Siedlungsbaus. Die westlich anschließenden Etagenhäuser gestaltete Taut weniger prägend. Mit ihren Walmdächern und der gleichförmigen Fensterverteilung stellen sie weitaus zurückhaltender das Neue Bauen heraus.

Die Wohnanlage ist aufgrund von Kriegsschäden und Veränderungen in der Nachkriegszeit in ihrem Erscheinungsbild beeinträchtigt. Durch den Krieg gingen die Häuser an der Tankredstraße 1-9 verloren. Sie sind 1951-1952 durch Franz Hoffmann verändert und, um ein Geschoss erhöht, wieder aufgebaut worden.

The core of the design was a rhombic building-block. Taut was only able to realize the eastern half by 1930, due to financial problems.

The central building housed apartments, shops, a kindergarten, the central heating area and, towards the courtyard, a laundry in a flat building. Taut pointed out the community and supply facilities with unusually large glass expanses in Bauhaus style. High, iron screen-glazing indicated the kindergarten and laundry on the level street side. Lateral flat glazing, as well as upper lights out of Luxfer prisms, were found on the courtyard side of the laundry.

The rear side presents itself in a plastic manner. The five massive red brick chimneys of the central heating area form a rhythm to the façade balconies hanging in between. On this side the building has the effect of a monument of co-operative apartment-house construction, with its chimney flues extending over the eaves. The multi-storey houses adjoining to the west emphasise the New Architecture in a more reserved fashion, with hip-roofs and uniform window distribution.

The development was seriously affected in its appearance by War damages and alterations during the post-war period.

Friedrich-Ebert-Siedlung | 1930-1931

Berlin-Wedding

zwischen Togostraße und
Windhuker Straße, südöstlich
Swakopmunder Straße

verändert erhalten

Eigentümer
GAGFAH Berlin

Wohnform
516 Geschosswohnungen

Planung
Bebauungsplanung
Mebes & Emmerich und
Bruno Taut

Versorgungseinrichtungen
6 Zentralwaschküchen

Bauherr
„Eintracht', Gemeinnützige
Wohnungsbau AG"

**Veränderung /
Wiederherstellung**
1950er Jahre Instandsetzung,
dabei Putz und Fenster
verändert
ab 2000 denkmalgerechte
Wiederherstellung einiger
Siedlungshäuser

Wohnzeilen an der Windhuker Straße, um 1931

In der Großsiedlung „Friedrich-Ebert" im Wedding wurde die Zeilenbauweise erstmalig in Berlin erprobt. 1928 hatte der „Spar- und Bauverein Eintracht" das Gelände im Afrikanischen Viertel zwischen Müllerstraße und dem Volkspark Rehberge erworben, für das es seit dem frühen 20. Jahrhundert mehrere gescheiterte Wohnprojekte gegeben hatte. Die Eintracht übertrug die Bebauungsplanung an die im Siedlungsbau erfahrenen Architekten Paul Mebes und Paul Emmerich, die auch die ersten beiden Bauabschnitte übernahmen. Ihr Siedlungsplan sah beidseitig der Afrikanischen Straße und der Togostraße die Errichtung von unter-

Zeilenkopf mit Treppenhaus, Togostraße 41, 2005

schiedlich langen Wohnzeilen mit abknickenden Kopfbauten vor. Die Zeilen waren etwas aus der Nord-Süd-Orientierung gedreht, um eine bessere Öffnung zum Volkspark Rehberge zu ermöglichen. Nach diesem Bebauungsvorschlag entstanden 1929-1930 die von Mebes & Emmerich betreuten ersten beiden Bauteile zwischen Müller- und Togostraße; den übrig gebliebenen Abschnitt südlich der Togostraße vergab man an Bruno Taut.

Auch dort sah das Konzept von Mebes & Emmerich kurze, axial ausgerichtete Wohnzeilen in engen Abschnitten vor. Taut lehnte jedoch den systematisierenden Zeilenbau als „Modetheorie" ab. In der konsequenten Form des Streifenbaues lag für ihn die Gefahr der kasernenhaften Eintönigkeit und der ausschließlich funktionalisierten Wohnbedürfnisse. Stattdessen sprach er sich für einen Städtebau aus, bei dem die „Häuser in ihrer Gruppierung, in ihren Höfen, Straßen und Plätzen wohnlich und angenehm sein" sollten.[1] Mit nur wenigen Eingriffen gelang es ihm, eine lebendige Binnengliederung entstehen zu lassen und so dem Streifenbau seine Uniformität zu nehmen. Hierfür verringerte er die Anzahl der Zeilen von acht auf sechs Hausreihen zugunsten

Row-house building was first attempted in Berlin in the apartment complex "Friedrich-Ebert". Paul Mebes and Paul Emmerich were responsible for the construction planning, and they were also in charge of the first two construction phases. Bruno Taut was entrusted with the building phase to the south of Togostraße.

The concept of Mebes and Emmerich envisioned short, axially aligned rowhouses in narrow sections. With only very few interventions, Taut created a lively inner structure, taking the uniformity out of the strict building style. He reduced the number of rows from eight to six in favour of larger green areas in between. Moreover, he displaced the rows slightly towards each other, so that a spatial overlapping along the inner Damarastraße was formed. Uninterrupted long row-houses limit the view to the north and west. Standardisation and rationality were in the foreground, in exemplary manner, an architectural language reduced to just a few structural means.

Unlike the development portion by Mebes and Emmerich, the portion by Taut was spared from extensive War damage.

Loggienseite zwischen Damara- und Togostraße, 2005

Windhuker Straße, Blick zur Damarastraße, um 1931

Zeilenkopf Togostraße 41, 2005

größerer begrünter Zeilenabstände, die, anders als bei Mebes & Emmerich, wichtiger Teil seines Gestaltungskonzepts waren. Zudem nutzte er die Unregelmäßigkeiten des Geländes und verschob die Zeilen leicht gegeneinander, wodurch sich entlang der inneren Damarastraße Raumüberschneidungen bilden. Nach Norden und Süden begrenzen durchgezogene Hausreihen den Blick. So konnte für die Bewohner ein eigenständiger Siedlungsteil entstehen.

Typisierung und Rationalität standen in beiden Siedlungsteilen modellhaft im Vordergrund. Bei nur einem Haustyp mußte Taut sich in der Gestaltung der Häuser daher eher an der Systematik des Zeilenbaues orientieren. In den Höfen liegen sich Loggien- und Treppenhausseiten immer gegenüber – mit einer auf wenige Gestaltungsmittel reduzierten Architektursprache. Typisierte Bauelemente, wie die Betonrahmung der Hauseingänge oder Fenster, bestimmen das Bild der Zeilen. Auch die Verwendung eines einzigen Treppenhaustyps mit breiten, seitlich rund abgefassten Treppenhausfenstern, die auch in der Waldsiedlung Zehlendorf und in Britz vorkommen, war rationellen Überlegungen geschuldet. Der Gebrauch von neuartigen Konstruktionen und Baustoffen, die von der bauausführenden Firma, der Philipp Holzmann A. G., erprobt wurden, sollte ebenfalls ein kostengünstiges Bauen ermöglichen. Darunter befanden sich Decken und Dächer aus Bims-Betonplatten und „elegante, leichte Treppen mit sichtbaren Eisenträgern."[2]

Im Gegensatz zum Siedlungsteil von Mebes & Emmerich blieb der Bauteil von Taut von größeren Kriegsschäden verschont. Allerdings wurden die Häuser in der Nachkriegszeit einheitlich mit einem grauen Kieselkratzputz versehen, wodurch vor allem die Farbigkeit verloren ging. Hinzu kam später teilweise der Einbau von Lärmschutzfenstern. Erste denkmalpflegerische Wiederherstellungen erfolgten ab 2000 bei den Häusern Togostraße 39a-e und 41a-e, wobei allerdings nur die Balkonbrüstungen und Haustüren ihre rote, graue und gelbe Farbigkeit zurückbekamen.

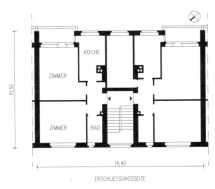

2-Zimmerwohnungstyp

Städtebau und Architektur bei Bruno Taut
Bruno Taut: Architecture and Town Planning

Visionär? Stadtplaner? Architekt? Künstler? – all das war Bruno Taut. Die Projekte, die er in Berlin realisiert hat und die in diesem Buch dokumentiert werden, stellen die volle Bandbreite seines Schaffens und seine herausragende Bedeutung dar und stehen für das Werk eines Städtebauers und Architekten, das den Künstler in seinem Herzen ebenso deutlich sichtbar werden lässt wie den sozial und gesellschaftlich engagierten Visionär.

Bruno Taut hat sich sowohl theoretisch als auch in der praktischen Umsetzung wie kaum jemand sonst mit dem Thema Wohnungsbau auseinander gesetzt. Ob im kleinen oder im großen Maßstab, ob Einfamilienhaus oder Großsiedlung – immer sind die Lösungsansätze für die einzelnen Projekte bestimmt von ganzheitlichem Denken. Nicht nur die städtebaulichen und architektonischen Aspekte, sondern auch die für die Wohnqualität so wesentlichen Parameter wie das Wohnumfeld und der Freiraum, aber auch die Wirtschaftlichkeit des Bauens und der Nutzung und damit nicht zuletzt die Alltagstauglichkeit, hat er meisterhaft umzusetzen verstanden. Mit einem Wort ausgedrückt – er war ein Meister der Baukultur.

Siedlung Onkel Tom, Argentinische Allee

Es ist festzustellen, dass Bruno Taut im Vergleich zu anderen namhaften Architekten der zwanziger Jahre, wie Gropius, Mies van der Rohe oder Le Corbusier, erst sehr viel später als derjenige erkannt und entsprechend gewürdigt wurde, dem eine führende Rolle zuzuschreiben ist, wenn es um Städtebau und Architektur dieser Zeitperiode geht. Das liegt an der weniger spektakulären Bauaufgabe des Massenwohnungsbaus gegenüber publikumswirksameren Einzelgebäuden für Kultur oder Verwaltung oder Großprojekten wie denen von Le Corbusier, aber auch an der lange Zeit fehlenden entsprechenden Würdigung und Berücksichtigung in den einschlägigen Architekturlexika.

Interessant ist an dieser Stelle auch die Frage, warum die DDR ihn nicht für sich entdeckt und ihn wie so viele andere „Kulturschaffende" für den ideologischen Überbau reklamiert hat. Man denke nur an die für Kurt Junghanns so schwierige Prozedur, die erste und nach wie vor wohl umfassendste Biografie über Bruno Taut in der DDR im Henschel Verlag veröffentlichen zu können.

Das Bemerkenswerte an dem hier vorgestellten Berliner Werk von Bruno Taut ist die Tatsache, dass er es verstanden hat, trotz des unglaublichen Pensums von rund 10.000 Wohnungen in nur zehn Jahren den hohen Gestaltungsanspruch und die soziale Verpflichtung innerhalb der sehr engen wirtschaftlichen Vorgaben auf eine Weise umzusetzen, die ihn deutlich hervorhebt – nicht nur als Städtebauer, als der er immer

Bruno Taut, Choriner Wald um 1903, Pastellkreide auf braunem Papier

wieder in erster Linie gesehen wird, sondern auch als Soziologen, als Landschaftsplaner, als Architekt und nicht zuletzt als

Hauseingang Paul-Heyse-Straße
vor und nach der Wiederherstellung

Künstler. Mit seiner „Architekturlehre", die er erst sehr spät im Exil fertig stellen konnte, untermauerte er das, was er tatsächlich meisterhaft in gebaute Architektur umgesetzt hatte.

Bezeichnend ist, dass die Siedlungen heute letztendlich nichts von ihrer Qualität eingebüßt haben, zumal einige der wichtigsten seit nunmehr ca. 25 Jahren (vergleiche auch den Beitrag von H. Pitz) Schritt für Schritt durch denkmalgerechte Sanierungen wieder ihr ursprüngliches Erscheinungsbild erhalten haben. Nicht nur für die Architektur-Touristen, sondern vor allem für die Bewohner selbst, die nicht selten durch die generationsübergreifende Weitergabe der Wohnungen dort ihre Wurzeln haben, entfaltet sich ihre ganzheitliche Qualität. Folgerichtig sollen vier dieser Siedlungen, die Gartenstadt Falkenberg, die so genannte „Hufeisensiedlung", sowie die Wohnstadt Carl Legien und die Siedlung am Schillerpark, in die Weltkulturerbeliste der UNESCO aufgenommen werden. Die Verfahren hierzu laufen derzeit.

Gerade weil es sich bei den Bauaufgaben überwiegend um Massenwohnungsbau mit entsprechend engen wirtschaftlichen und räumlichen Vorgaben und jeweils unterschiedlichen Randbedingungen handelte, liegt die besondere Qualität von Tauts Bauten darin, dass jede Siedlung ihr eigenes „Gesicht", ihren unverwechselbaren Charakter hat. Immer eindeutig abgeleitet aus dem genius loci, d. h. aus den Besonderheiten des Ortes und den Gegebenheiten des Umfeldes, entwickelte und formulierte er jeweils die städtebauliche und architektonische Leitidee. Nur so konnte diese Vielfalt bei den mehr oder weniger gleichzeitig entstandenen Projekten entstehen. „Ein Zeilenbau, der als abstrakte Forderung brutal über die Gegebenheiten der Landschaft

und des Geländes hinweggeht, müßte konsequenterweise auf Rädern und Schienen um die ganze Erde herumrollen. Die natürlichen Hindernisse dagegen, die die rollende Theorie in Berg, Wald, Wasser usw. findet, sind in Wahrheit die allerwertvollste Hilfe des Architekten."[1] Ebenso wie in der Architektursprache benutzte er für die Raumbildung im Außenbereich städtebauli-

Siedlung am Schillerpark, Innenhof Dubliner-,
Ecke Corker Straße

che Elemente und Details, die er auf sehr effektive Weise variierte. Die geöffnete Blockecke war ein für Variationen bestens geeignetes Gestaltungselement, das Taut nicht nur gestalterisch, sondern auch inhaltlich begründet einsetzte. Als Stadtbaurat a. D. (in Magdeburg) setzte er sich in einem Artikel in der „Bauwelt" 1927 mit dem Thema auseinander, um Einfluss auf die Bauordnung zu nehmen. Denn viele seiner Baugenehmigungen an dieser Stelle musste er mit einem Dispenz durchsetzen.

Gleich zu Beginn seiner zweiten Berliner Phase 1925 setzte er mit der Siedlung am Schillerpark für den Berliner Spar- und Bauverein ein deutliches Zeichen. Damit waren nicht nur die Hinterhöfe der bis dahin an dieser Stelle vorgesehenen, traditionellen Bebauung der Terraingesellschaft passé, sondern auch die das Straßenbild bestimmenden, geschlossenen Blöcke, denn sämtliche Blockecken waren entweder völlig offen gelassen oder zumindest so zusammengefügt, dass „Ecklösungen, die vom Typ abweichen, grundsätzlich vermieden wurden". Während dies im Wesentlichen ein wirtschaftliches Argument war, bedeuteten die Öffnungen auch erheblich gesteigerte Wohnqualität aufgrund der guten Durchlüftung und Besonnung der Anlage.

Der ebenfalls damit verbundene Aspekt der Gleichwertigkeit von Straßen- und Hof-

Hufeisensiedlung Straßenzug Liningstraße

seite der Gebäude wurde von Taut auch in Hinsicht auf die soziale Struktur des Wohnumfeldes, auf den Außenraum als Gemeinschaftsraum thematisiert. Nicht nur „beschauliche" Außenanlagen und bauliche Gemeinschaftseinrichtungen waren vorgesehen, sondern auch Spielplätze, die so angeordnet wurden, dass sie in den Erholungsraum mit einbezogen waren und außerdem von der Wohnung aus gut beaufsichtigt werden konnten. Solche „Außenwohnräume" möglichst „behaglich" zu gestalten und räumlich zu fassen, führte in Siedlungen, die aufgrund ihrer Lage freier waren von bereits existierenden Straßenführungen oder Blockstrukturen, zur Ausbildung von markanten städtebaulichen Großformen, wie bereits im Zusammenhang mit der Vision der „Stadtkrone" thematisiert.

Als wichtigstes Beispiel ist hier das Huf-

Hufeisensiedlung Hüsung

eisen in der gleich lautenden „Hufeisensiedlung" Britz anzuführen, das von den namhaften Architekturkritikern allerdings nicht ungeteilt positiv, sondern auch als formalistisch beurteilt wurde. Tatsächlich jedoch ist festzustellen, dass Taut es trotz dieser Großform, die einer „Stadtkrone" sehr nahe kommt, vermieden hat, formal zu bleiben oder gar eine barocke Anlage dar-

aus zu machen. Die Straßen als Strahlen sind weder auf die Achse oder die Mitte zentriert noch symmetrisch bzw. axial angeordnet. Wie in den anderen Siedlungen bilden sie lediglich wohl dimensionierte Außenräume. Und dennoch wird das Hufeisen mit seinem Vorplatz und dem Areal im Zentrum zur sozialen und grünen Mitte mit höchster Aufenthaltsqualität und dient der Förderung eines gesunden Gemeinschaftslebens.

Der Literatur und Berichten von Zeitzeugen zufolge ist das Angebot an Gemeinschaftseinrichtungen in den zwanziger Jahren von allen Bewohnern angenommen und gelebt worden, wohingegen wir heute einen Verlust an Kommunikation und Gemeinschaft zu beklagen haben. Man denke in diesem Zusammenhang nur an die eigens eingerichteten Flächen für Nachbarschaften oder Feste in den Siedlungen oder auf den für alle offenen Dachterrassen, z. B. bei den Gebäuden von Scharoun oder Gropius in der Großsiedlung Siemensstadt, von denen es wunderbare Beispiele gibt und die – damals ausgiebig genutzt – heute verwaist sind.

Anhand der „Hufeisensiedlung" lässt sich auch die unbeschwerte, von Selbstverständnis geprägte Haltung Tauts im Umgang mit den städtebaulichen Vorgaben darstellen. Die durch die Nähe des Gutshofes ländlich geprägte Umgebung bei gleichzeitiger Stadtrandlage berücksichtigte Taut, indem er mit dem Hüsung in Form eines Dorfangers und den Satteldächern der umgebenden Hauszeilen die ländlichen Elemente in Einklang brachte mit der städtischen Formensprache des Hufeisens und der mehrgeschossigen Randbebauung.

Mit gleicher Selbstverständlichkeit und

Leichtigkeit fügte er die Waldsiedlung Zehlendorf „Onkel Toms Hütte" städtebaulich in die vom Kiefernwald bestimmte Natur ein und schaffte eine Wohnatmosphäre, die dem rekreativen Erholungsbedürfnis der arbeitenden Bevölkerung gerecht wurde. Um möglichst viele Bäume zu erhalten, war die Baukörperstellung entsprechend aufgelockert. Auch hier bediente er sich des oft angewendeten Elementes der vorgeschobenen Endhäuser der Zeilen bei gleichzeitiger Betonung durch Farbe, um die Straßenräume nicht undefiniert in die Landschaft fließen zu lassen – ein Lehrstück für das Vernähen mit der Landschaft, trotz Zwang und Härte des Zeilenbaus.

Durch die räumlich eingesetzte Farbe, auf die später noch einzugehen ist, und die Baukörperstellung erreichte er außerdem das Ziel, gleiche Haustypen aneinander reihen zu können, ohne Eintönigkeit zu erzeugen. „Bei der völligen Streusiedlung kann es die völlige Gleichheit der Häuser sein, die sich mit ihrer variierten Stellung in der Parzelle zu einem harmonischen Spiel vereinigt."[2] Tauts Prämisse war: „sämtliche städtebaulichen und architektonischen Elemente müssen im Einklang mit dem Praktischen stehen".[3] Vielleicht wurde er auch deshalb mitunter als kompromisslerisch abgewertet. Gerade in Zehlendorf kann ihm dies allerdings nicht nachgesagt werden. Gegen die gesellschaftlichen Widerstände der alteingesessenen, wohlhabenderen Bevölkerung setzte er sich mit dem Errichten des Massenwohnungsbauten mit Unterstützung von Martin Wagner ebenso durch, wie mit der kubischen Gebäudeform und den dazugehörenden flachen Dächern, die den „Zehlendorfer Dächerkrieg" auslösten. Nicht zuletzt mit dem „Peitschenknall", einem 480 Meter langen, leicht gekrümmten Gebäude entlang der Argentinischen Allee, bewies er, als verärgerte Reaktion auf die Renitenz der Baubehörde, sein Durchsetzungsvermögen und außerdem die Kunst der optischen Verkürzung, denn diese schier unendliche Länge des Baukörpers kann aufgrund der Krümmung von keiner Stelle aus in Gänze wahrgenommen werden.

Für die Integration von Landschaft in das Wohnen benutzte Taut den Begriff „Außenwohnraum". Nicht nur bei den Einfamilien-Häusern, sondern vor allem auch bei den Geschosswohnungen, sollte die in die Wohnanlagen hineinfließende, gestaltete Natur für mehr Wohn- und Lebensqualität sorgen, ganz gleich, ob es sich um das gemeinschaftlich nutzbare Grün handelte oder um den direkt einem Haus oder einer Wohnung zugeordneten Garten, „Grünes Zimmer" genannt. Explizit geht es nicht darum, durch Außenanlagen ein schöneres Ambiente oder einen schönen Schein entstehen zu lassen, sondern erst durch die Benutzung erhält ein solcher Außenwohnraum seine Qualität: „Der eigentliche Wohnwert enthüllt sich erst, wenn man an ihm und in ihm wohnt."[4]

Der praktische Nutzen, den Taut jeder Entwurfsüberlegung zugrunde legt, zielt auch auf die Ermöglichung von Subsistenzwirtschaft, zumindest die Eigenversorgung mit frischen Kräutern, Gemüse, Blumen etc. Folgerichtig ordnet er in Britz bei den

Wohnstadt Carl Legien zwischen Sodtkestr und Trachtenbrodt nach und vor der Wiederherstellung

Einfamilienhäusern die Küchen direkt den Vorgärten als Wirtschaftsgärten zu, während er in der Waldsiedlung bei gleichem Haustyp den Grundriss quasi umdreht und den Wohnraum dem Garten zuordnet, der hier aufgrund des unfruchtbaren Waldbodens reinen Aufenthalts- und Freizeitwert hat.

Die Verschmelzung von Außen- und Innen(wohn)raum beinhaltet – betrachtet

Siedlung „Onkel Tom", Einfamilienreihenhäuser

man eine Wohnanlage wie Taut ganzheitlich – die eindeutige Strukturierung und soziale Gliederung der einzelnen Bereiche. Vom Außenraum als Gemeinschaftsraum bis zum individuellen, intimen Wohnraum

Paul-Heyse-Straße, Treppenhaus innen nach der Wiederherstellung

werden Bereiche geschaffen, die vom öffentlichen über den halb öffentlichen zum privaten hin eindeutig gestaffelt sind. Daher erklärt sich auch der hohe Gestaltungsaufwand in den Treppenhäusern, die ein nachbarschafts- und kommunikationsfördernder Bereich sind.

Bedeutungsvoll sind die Treppenhäuser außerdem für die architektonische Gliederung der Fassaden, welche immer die innere Organisation eines Hauses nach außen widerspiegeln. In gleichem Maß wird auch die innere Grundrissorganisation der Wohnung mit ihrer Ausrichtung des Wohnbereiches und der Balkone für die Fassadengliederung eingesetzt. Gegebenenfalls muss sogar die reine Ausrichtung nach der Sonne zurückstehen, wenn Städtebau oder Architektur als Dialog der Fassaden oder eine Großform dies erfordern. Insofern könnte man Julius Posener an dieser Stelle Recht geben, wenn er Taut im Hinblick auf das Hufeisen als ein wenig formalistisch be-

zeichnet, bedenkt man, dass sich dabei Wohnungen ergeben, deren Wohnraum und Loggia zwar reine Nordlage, dafür aber einen attraktiven Ausblick haben.

Was die Treppenhäuser in der Vertikalen für die Fassadengliederung sind, stellt als ein Spielelement der Horizontalgliederung neben dem Gebäudesockel das Dachgeschoss dar, das in der Regel durch leichtes Zurücksetzen bei gleichzeitiger Ausbildung des dabei entstehenden Gesimses mit unterschiedlichen Oberflächen und Fensterordnungen die Möglichkeit bietet, wohl proportioniert den oberen Abschluss mehrgeschossiger Gebäude zu bilden. Auch hier ist der architektonische Aspekt nicht allein ausschlaggebend, sondern Teil der „praktischen" Überlegung, ein Geschoss einzuführen, das verschiedene Funktionen erfüllt. Es ist klimatischer Puffer zu den oben gelegenen Wohnungen und gleichzeitig die wirtschaftlichste Art des oberen Gebäudeabschlusses.

Von praktischen wie architektonischen Überlegungen geleitet entwickelte Taut in der Siedlung „Onkel Tom" ein zunächst eigenwillig erscheinendes Fenster, das mit durchgehendem Mittelpfosten, jedoch höhenversetzten Kämpfern, für eine Küche optimierte Öffnungs- und Nutzungsarten mit einer gestalterischen und spielerischen Frische verband. Man kann damit fein do-

Siedlung Onkel Tom, Küchenfenster

siert oder opulent lüften und gleichzeitig auch bei geöffnetem Fenster auf der Arbeitsfläche vor dem fest verglasten Teil Dinge stehen lassen – wie Hillinger hierzu richtig bemerkt: sicherlich nicht unbedingt revolutionär, aber reformerisch – womit er das Schaffen Tauts insgesamt treffend charakterisiert.

Groß- und kleinmaßstäbliche Details sind es, mit denen Taut virtuos umgeht, ohne dabei spektakulär zu werden, und mit denen er eine Baukörper- und Fassadengliederung erreicht, die derart vielgestalt ist, dass die Sonne im Tagesverlauf ein lebendiges Licht- und Schattenspiel erzeugt. Die „Weiße" Moderne hat in dieser Hinsicht eine wahre Vielfalt hervorgebracht, die zeigt, wie elementar die Ausformung der Architekturelemente bis ins Detail ist, um allein mit dem Licht Körperhaftigkeit und damit

Siedlung Onkel Tom, „Peitschenknall",
Argentinische Allee

Hufeisensiedlung Britz, Spiel
mit Licht und Schatten

Lebendigkeit zu erzeugen. Als „leuchtendes" Beispiel sei die „Weiße Stadt" in Berlin von Salvisberg, Ahrens und Büning genannt. Bei den denkmalgerechten Wiederherstellungsmaßnahmen der letzten Zeit konnten viele Bauten der zwanziger Jahre gleichsam wieder zum Leben erweckt werden, indem der subtile Umgang mit dem Licht wieder erlebbar und erfahrbar wurde.

Wie enthusiastisch und gleichzeitig programmatisch Bruno Taut postulierte, dass zu diesem Spiel mit dem Licht auch die Farbe gehörte, ist in dem Beitrag von Helga Schmidt-Thomsen nachzulesen. Virtuos setzte er dies immer wieder mit neuen Ideen um, indem er die zuvor beschriebene plastische Baukörper- und Fassadenausbildung, die an sich schon hohem architektonischem Gestaltungsanspruch genügt, durch den Einsatz von Farbe noch optimierte, ja sogar überhöhte. Die Farbe bringt keine zusätzliche, neue Gliederung, sondern unterstützt lediglich bereits angelegte Markierungen und Zäsuren, wie Vor- und Rück-

sprünge oder flächige bzw. körperhafte Fassadenelemente bis hin zu ansonsten kaum wahrnehmbaren Vertiefungen, die damit eine ungeahnte Bedeutung und Tiefe bekommen.

Betrachtet man als Beispiel den 480 Meter langen „Peitschenknall" in Zehlendorf, so sind nicht nur die halbsteintiefen, die Hauseinheiten markierenden flachen Rücksprünge durch verschiedene Farben optisch hervorgehoben, sondern ähnlich einer Klaviatur überlagern sich dort fünf Farben gedoppelt im Fünferrhythmus mit drei Farben der Hauseingänge und dem Inneren der Treppenhäuser im Dreierrhythmus. Theoretisch ist es möglich, nicht nach der

Typischer Hauseingang, li. Wohnstadt
Carl Legien, re. Siedlung Onkel Tom

Hausnummer, sondern nach der Farbkombination seinen individuellen Hauseingang zu bestimmen. In jedem Fall trägt diese Farbigkeit zur Identifikation der Bewohner mit ihrem „Zuhause" bei. Allein die Haustüren der Siedlung mit ihrer Gestaltung und Farbigkeit sind für sich ein eigenes Thema.

Lediglich in seiner frühen Phase 1913/14, in der Taut – wie Helga Schmidt-Thomsen beschreibt – hinsichtlich seiner beruflichen Bestimmung zwischen Architekt und Künstler schwankte, benutzte er Fassadenflächen auch als Fond für eine Be-

Siedlung am Schillerpark, scharrierte Betonstütze *Wohnhaus Dahlewitz, Detail der Eingangsfassade*

malung, allerdings eindeutig als „bezahlbaren" Ornamentersatz. Die Entwicklung, die
er in der Zeit bis 1931 hinsichtlich des Ein-
satzes von Farbe machte, lässt sich chronologisch über die Projekte klar nachvollziehen. Er selbst hat uns mit der Abhand-
lung zur Benutzung und Wirkung der Farbe
in seiner „Architekturlehre" ein wichtiges
Lehrbuch hinterlassen und erläutert neben
dem Schönen auch das Praktische und das
Nützliche, kurz: einen elementaren Aspekt
von Baukultur.

Nicht, dass er der Farbe als Gestaltungsmittel ausschließlich verhaftet gewesen wäre. In gleicher Weise und zeitgleich setzte
er zur flächigen Fassadengliederung statt

Wohnhaus B. Taut in Dahlewitz, Eingangsfassade
nach der Wiederherstellung

der Farbe unterschiedliche Materialien mit
ihrer eigenen Oberflächenstruktur und ihrer
eigenen Farbigkeit ein. Man vergleiche die
parallelen Bauphasen der Siedlung am
Schillerpark mit denen der „Hufeisensiedlung" oder der „Onkel Tom"-Siedlung. Auch
hier zeigt sich wieder seine Souveränität
und Flexibilität. Als beliebtes Thema der
Zeit hatte das Scharrieren von Sichtbeton-
flächen auch für Taut besondere Bedeutung
– gleichermaßen für die Erzielung einer besonderen Materialfarbigkeit wie für die An-
deutung von Ornamentik. Heute müsste
und würde auch Bruno Taut umdenken an-
gesichts des enorm gestiegenen Anteils der
Lohnkosten an den Materialkosten. Nicht
nur die steinmetzmäßige Behandlung des
Betons, sondern allein die Verwendung von
mehrfarbigen Fenstern oder von gerunde-
ten statt kantigen Ecken könnten leicht dem
Rotstift zum Opfer fallen.

War Bruno Taut am Ende ein Vorreiter
des ökologischen Bauens? Mit seinen fundierten und weitsichtigen Überlegungen zur
Konstruktion und zur Bauphysik erkannte er
die Gebäudehülle als die „dritte Haut des
Menschen" und scheute sich nicht, das
Schöne außer mit dem Nützlichen auch mit
dem Experimentellen zu verbinden und
schwarze Fassadenanstriche, die selbstver-

ständlich im intellektuellen Umfeld ihren ästhetischen Reiz hatten, für den passiven Sonnenenergiegewinn einzusetzen, wie z. B. bei seinem eigenen Wohnhaus in Dahlewitz oder in der Gartenstadt am Falkenberg. Die Beispiele ließen sich weiter fortführen.

Bruno Taut hat den Spielraum zwischen der Notwendigkeit, praktisch und wirtschaftlich zu denken, und der Möglichkeit, künstlerisch oder visionär zu agieren, als Stadtplaner gleichermaßen wie als Architekt, meisterhaft genutzt. Das zeichnet ihn aus.

Winfried Brenne, Franz Jaschke

A visionary? An urban designer? An architect? An artist? Bruno Taut was all of these. The Berlin projects documented in this book are representative of the full spectrum of his production and his outstanding significance. They stand for the work of a town planner and architect who was at the same time an artist and socially committed visionary.

More than anyone else, Bruno Taut came to terms with the subject of apartment house building, both theoretically and in practical application. The attempts at solutions for the individual projects are always determined by integral, holistic thinking. He was able to masterfully realise not only architectonic and town-planning aspects, but also the parameters so essential for living quality such as residential environment and open space, not to mention building economy, efficiency and usefulness.

Compared to other renowned architects of the 1920s such as Gropius, Mies van der Rohe and Le Corbusier, he was only much later recognised and praised for his work. This was due, firstly, to the fact that his building tasks - mass apartment house building – were less spectacular than single buildings and large projects, which enjoyed greater popularity. The second reason was the fact that he remained unmentioned in relevant architectural lexica for a long time.

The remarkable thing about the Berlin work of Bruno Taut introduced here is that he was able, despite the incredible amount of work of approximately 10,000

apartments within only ten years, to realise a high creative standard and level of social responsibility within very tight economical conditions. He did this in a way that clearly set him apart – not only as a town planner, which he is regarded first and foremost, but also as a sociologist, landscape planner, architect and, not least, artist.

It is characteristic of the housing-estates that they have lost none of their quality today, especially considering that some of the most important ones have again received their original appearance, thanks to a renovation of a standard worthy monuments. The special quality of the housing-estates lies in the fact that each one has its own unmistakeable character. Taut always developed and formulated his basic idea in town planning and architecture out of the special features of the location and the circumstances of the environment.

Right at the beginning of his second Berlin phase in 1925, he made a clear statement with the housing-estate by Schillerpark (see Project No. 13). Not only were the backyards passé here, but also the closed blocks, for the entire block corners were either left completely open or at least joined together in such a way as to "definitely avoid corner solutions deviating from the given stylistic type." At the same time, the openings signify a considerably higher living quality due to the buildings' good ventilation and sunny quality.

Regarding the environment's social structure, Taut emphasised the equal importance of the buildings' street side and rear side. Not only were community establishments planned, but also playgrounds were arranged so that they would be incorporated into the recreation area. The most important example is the "horseshoe" in the "Horseshoe Housing-Estate" Britz (see Project No. 22). The horseshoe is a social centre, with sufficient greenery and the highest residence quality, serving to further a healthy community life.

Taut's easy-going attitude in dealing with the town-planning regulations is shown in many of his projects. The forested Zehlendorf housing-estate, "Uncle

Tom's Cabin," (see Project No 28) is a model for integration with the landscape, despite the constraints and hardness of the row houses.

His premise was that "all elements pertaining to town planning and architecture must be in harmony with practical considerations." Nature, formed and flowing into single-family houses, and especially storey-apartments, was to elevate the quality of living. Practical usefulness aims at the same time towards the possibility of subsistence economy. Consistent with this idea, he integrated the kitchen in the single-family houses in Britz directly with the front gardens, used as vegetable gardens. The same type of house in the forested housing-estate, however, had the living-room integrated with the garden, which in this case had an exclusively recreational function.

The inner floor-plan organisation of the apartment, with its alignment of the living area and balcony, is also significant for the architectonic structure, alongside the staircase enclosures. At times, the pure alignment towards the sun must be sacrificed when the overall form, or town planning and architecture - as a dialogue between facades – have a higher priority. For Taut, the attic represents an element of play in the horizontal organisation, alongside the basement of the building. Here, too, the architectonic aspect is a part of the "practical" considerations. The attic is a climatic buffer for the upper apartments and simultaneously the most economical kind of upper building completion.

Bruno Taut enthusiastically and programmatically postulates the play between light and colour. He applies it in virtuoso manner, always with new ideas. One example is the way he uses colour to optimise, even superelevate, the plastic main body of the building and façade formation. When one regards the 480-metre-long "Whip Crack" in Zehlendorf, for example, not only are the flat, half-stone deep indentations marking the house units visually emphasised by different colours, but, like a piano keyboard, five colours doubled in a rhythm of fives are overlapped with three co-

lours of the house entrances and the inside of the staircase enclosures in a triple rhythm. He used the façade surfaces as a background for painting only during his early phase in 1913/14. His development in using colour during the period up to 1931 can be clearly perceived in a chronological view of the projects.

In the same way, instead of using colour alone, Taut used different materials, each with its own surface structure and its own colour, in the arrangement of the façade surfaces. A favourite theme of the time, the arrangement of concrete surfaces, also had a particular significance for Taut – for the attainment of a special colourful quality in the material and for hinting at ornamentation.

Was Bruno Taut ultimately a pioneer in the field of ecological architecture? With his well-founded, farsighted considerations of construction and the physics of building, he recognised that the building edifice was "man's third skin" and was not afraid to combine beauty not only with usefulness, but also with experimentation.

Both as town planner and architect, Bruno Taut moved masterfully in the area between 1.) the necessity of thinking practically and economically and 2.) the possibility of acting artistically, with vision. This is what particularly distinguishes him.

Winfried Brenne and Franz Jaschke

Autorisierte Neuauflage des von Bruno Taut 1920 entworfenen Glasbauspiels,
Vitra Design Museum GmbH 2003

Vita Bruno Taut
Biography of Bruno Taut

4.5.1880	Geboren in Königsberg/Ostpreußen
1897	Abitur in Königsberg
1897-1901	Besuch der Baugewerkschule in Königsberg, Arbeit als Maurerlehrling
1902	Tätigkeit im Architekturbüro Neugebauer, Hamburg-Altona Tätigkeit im Architekturbüro F. M. Fabry in Wiesbaden
1903-1904	Mitarbeiter bei Bruno Möhring, Berlin
1904-1906	Mitarbeiter bei Theodor Fischer, Stuttgart
1906	Heirat mit Hedwig Wollgast aus Chorin, Rückkehr nach Berlin
1908	Mitarbeiter bei Heinz Lassen, Berlin
1909	Selbständiger Architekt in Zusammenarbeit mit Franz Hoffmann, Bürogemeinschaft „Taut & Hoffmann"
1910	Mitglied im Deutschen Werkbund
1913	Chefarchitekt der Deutschen Gartenstadt-Gesellschaft, Beginn einer überaus reichen Publikationstätigkeit
1913-1914	Bürogemeinschaft mit seinem Bruder Max Taut, „Brüder Taut & Hoffmann"
1914	Beteiligung an der Werkbundausstellung Köln mit dem „Glashaus"
1917	Tätigkeit für die Deutsche Gartenstadt-Gesellschaft in Bergisch-Gladbach; Bekanntschaft mit Erica Wittich, seiner späteren Lebensgefährtin
1918	Mitglied der „Novembergruppe" Mitbegründer des „Arbeitsrates für Kunst"
1921-1924	Stadtbaurat in Magdeburg
1924	Rückkehr nach Berlin und Wiederaufbau eines eigenen Architekturbüros
1924-1932	Chefarchitekt der GEHAG
1926	Mitglied in der Architektenvereinigung „Der Ring"
1927	Beteiligung an der Werkbundausstellung „Die Wohnung", Stuttgart-Weißenhof
1930	Honorarprofessor an der Technischen Hochschule Berlin-Charlottenburg, Lehrtätigkeit
1931	Mitglied der Preußischen Akademie der Künste zu Berlin
1932	Arbeitsaufenthalt in Moskau
1933	Rückkehr nach Berlin Flucht in die Schweiz; gelangt über Marseille, Neapel, Athen, Istanbul, Odessa, Moskau und Wladiwostok nach Japan
1933-1936	Aufenthalt in Japan
1936-1938	Aufenthalt in der Türkei, Berufung an die Akademie der Künste in Istanbul, Professur an der Architekturabteilung, Leiter der Bauabteilung des Unterrichtsministeriums
1938	Retrospektive zum Gesamtwerk in Istanbul
24.12.1938	Stirbt in seinem Haus in Istanbul-Ortaköy

4 May 1880	*Born in Königsberg, East Prussia*
1897	*High school graduation in Königsberg*
1897-1901	*Attends the Baugewerkschule (Architectural School)*
	in Königsberg, apprentice mason
1902	*Employed by Neugebauer architect's office, Hamburg-Altona*
	Employed by F. M. Fabry architect's office, Wiesbaden
1903-1904	*Employed by Bruno Möhring, Berlin*
1904-1906	*Employed by Theodor Fischer, Stuttgart*
1906	*Marries Hedwig Wollgast from Chorin, returns to Berlin*
1908	*Employed by Heinz Lassen, Berlin*
1909	*Independent architect in collaboration with Franz Hoffmann,*
	joint office "Taut & Hoffmann"
1910	*Member of the German Werkbund*
1913	*Consulting architect of the Deutsche Gartenstadt-Gesellschaft*
	(German Garden City Society), begins very copious publication
	activity
1913-1914	*Joint office with his brother, Max Taut "Taut Brothers & Hoffmann"*
1914	*Participation in the Werkbund Exhibition in Cologne with*
	"Glashaus" (Glass House)
1917	*Active in the Deutsche Gartenstadt-Gesellschaft in Bergisch-*
	Gladbach; acquaintance with Erica Wittich, his later life-companion
1918	*Member of the "November Gruppe" (November Group)*
	Co-founder of the "Arbeitsrat für Kunst" (Work Council for Art)
1921-1924	*Stadtbaurat (Municipal Building Council) in Magdeburg*
1924	*Return to Berlin and re-establishment of his own architect's office*
1924-1932	*Chief architect of the GEHAG*
1926	*Member of the architects' association "Der Ring"*
1927	*Participation in the Werkbund Exhibition "Die Wohnung"*
	(The Apartment), Stuttgart-Weißenhof
1930	*Honorary Professor at the Technische Hochschule*
	(Technical University) Berlin-Charlottenburg, teaching activity
1931	*Member of the Preußische Akademie der Künste*
	(Prussian Academy of the Arts) zu Berlin
1932	*Moves to Moscow*
1933	*Returns to Berlin*
	Flees to Switzerland; then to Japan via Marseille, Naples, Athens,
	Istanbul, Odessa, Moscow and Vladivostock
1933-1936	*Resides in Japan*
1936-1938	*Resides in Turkey, appointment at the Academy of the Arts*
	in Istanbul, Professor in the Architecture Department,
	Director of the construction department at the Ministry of Education
1938	*Retrospective of complete works in Istanbul*
24 Dec 1938	*Dies at home in Istanbul-Ortaköy*

Anhang
Appendix

Anmerkungen
Notes

Die Erde eine gute Wohnung

1) Bruno Taut: Entwurf für ein Vorwort zur "Alpinen Architektur"; abgedruckt in: Matthias Schirren: Bruno Taut: Alpine Architektur. Eine Utopie. Prestel: München 2004, S. 118.
2) Aufruf zum farbigen Bauen, in: Die Bauwelt, Heft 38 vom 18. September 1919.
3) Bruno Taut: Beobachtungen über Farbenwirkung aus meiner Praxis, ebd., S. 12 f.
4) Bruno Taut an seine Ehefrau Hedwig: Brief vom 2.11.1917, in: Schirren, a. a. O., S. 120 f.
5) Bruno Taut: Alpine Architektur, in: Schirren, a. a. O., S. 75.

Bruno Taut und der Deutsche Werkbund

1) Bruno Taut: Für den Werkbund, Taut-Mappe II, Nr. 35, 1919, Archiv Winfried Brenne.
2) Kurt Junghanns: Bruno Taut zum 100. Geburtstag, in: Architektur der DDR, XXIX. Jahrgang, Berlin, April 1980, S. 216.
3) Bruno Taut: Ansprache am 4.6.1938 anlässlich seiner Ausstellungseröffnung in Istanbul, Taut-Archiv Mappe II, B 37, 1938, Archiv Winfried Brenne.
4) Julius Posener. Vorlesungen zur Geschichte der Neuen Architektur (II). Die Architektur der Reform (1900-1924), in: Arch+, 53, Aachen 1980, S. 60/61.
5) a. a. O., S. 43.
6) Kurt Junghanns: Der Deutsche Werkbund. Sein erstes Jahrzehnt, Berlin 1982, S. 173.
7) Bruno Taut: Für den Werkbund, Taut-Mappe II, Nr. 35, 1919, Archiv Winfried Brenne.
8) Bruno Taut: Reiseeindrücke aus Konstantinopel, in: Deutsche Levante-Zeitung, Nr. 19, 1919, S. 735-737, Archiv Winfried Brenne.
9) Das Haus der Freundschaft in Konstantinopel. Ein Wettbewerb Deutscher Architekten. Mit einer Einführung von Theodor Heuss, Hg. Deutscher Werkbund und Deutsch-Türkische Vereinigung, München 1918, S. 41.
10) Ein Architekturprogramm von Bruno Taut, Flugschriften des Arbeitsrates für Kunst, Berlin, Weihnachten 1918, D 1487 Werkbundarchiv
11) WerkundZeit. Aus den 20er Jahren. Eine Erbschaft und ihre Erben, Hg. Deutscher Werkbund, 4 Sept. 1977, S. 1.

Licht und Farbe bei Bruno Taut

1) Kristallisationen, Splitterungen/Bruno Tauts Glashaus, Angelika Thiekötter u. a., Birkhäuser Verlag 1993.
2) Alpine Architektur/Bruno Taut, Hagen i. W. 1919/Auslief.1920.
3) Aufruf zum farbigen Bauen in Bruno Taut, Frühlicht 1920-1922, Ullstein Bauwelt Fundamente 1963.
4) Ruf zum Bauen/Adolf Behne, zitiert nach (3) S.10.
5) Haus des Himmels/Bruno Taut, in (3) S. 33-36.
6) BRUNO TAUT, DIE NEUE WOHNUNG, Leipzig 1924, Klinkhardt&Biermann.
7) BRUNO TAUT, EIN WOHNHAUS, Stuttgart 1927, Franckh'sche Verlagshandlung.

Baudenkmale von Bruno Taut – Berliner Kandidaten für die Welterbeliste

1) Siehe zur Verleihung 2001 auch http://www.stadtentwicklung.berlin.de/denkmal/denkmalpreise/quast-medaille; vgl. Dorothée Sack (Hg.): Der Versuchspavillon der Schule am Dammweg von Bruno Taut in Berlin-Neukölln. Bauaufnahme und Dokumentation 1998/99, Aufbaustudium Denkmalpflege der TU Berlin, Heft 1, 2000.
2) Vgl. Bruno Taut: Die Anlage am Dammweg, in: Jens Nydahl (Hg.): Das Berliner Schulwesen, Berlin 1928, S. 519-522; Antonia Gruhn-Zimmermann: Bruno Tauts Musterklasse für eine Gesamtschule, in: Ausstellungskatalog Verloren, Gefährdet, Geschützt. Baudenkmale in Berlin, hg. von Norbert Huse, Berlin 1988, S. 204 f.; Bruno Taut: Erläuterung zum Entwurf der Schulanlage am Dammweg, in: Schulreform – Kontinuitäten und Brüche. Das Versuchsfeld Berlin-Neukölln, Band 1: 1912 bis 1945, Berlin 1993, S. 218-222 (Dokument 7).
3) Zu den vier Siedlungseinheiten von Bruno Taut kommen hinzu die „Weiße Stadt" genannte Großsiedlung von Bruno Ahrends, Wilhelm Büning und Otto Rudolf Salvisberg sowie Ludwig Lesser in Reinickendorf (1929-31) und die nach der Architektenvereinigung „Der Ring" benannte Großsiedlung Siemensstadt, die unter der künstlerischen Gesamtleitung von Hans Scharoun und Martin Wagner sowie Leberecht Migge nach Entwürfen einer mehrköpfigen Architektengruppe zwischen Charlottenburg und Spandau entstand (1929-1932); vgl. Vier Berliner Siedlungen der Weimarer Republik. Britz, Onkel Toms Hütte, Weiße Stadt, Ausstellungskatalog Bauhaus-Archiv Berlin, 2. Aufl. 1987; vgl. auch: Geschichte und Kunst hautnah – Wohnen im Denkmal. Programmheft Tag des offenen Denkmals 2003 in Berlin, hg. vom Landesdenkmalamt Berlin, Berlin 2003, S. 3, 8 f., 23, 39, 43, 57, 59 und 72.
4) Vgl. Dossier: Welterbe, in: UNESCO heute, 49. Jahrgang. Ausgabe 1-2/2002, S. 94-116; Hans-Christian Hoffmann, Dietmar Keller und Karin Thomas (Hg.): Unser Weltkulturerbe. Kunst in Deutschland unter dem Schutz der UNESCO, Köln 2001; zur Gefährdung der Welterbestätten vgl. zuletzt Heritage at Risk. ICOMOS World Report 2001/2002 on Monuments and Sites in Danger, hg. von ICOMOS-International, München 2001.

Erhalt und Instandsetzung von Bruno Tauts Wohnsiedlungen
1) Daidalos, Nr. 6, 1982.

Werkkatalog

Miets- und Geschäftshäuser Kottbusser Damm
1) Bruno Taut: Zu den Arbeiten der Architekten Bruno Taut und Hoffmann, in: Moderne Bauformen (12)1913, Heft 3, S. 122.

Mietshaus Nonnendammallee
1) Bruno Taut: Zu den Arbeiten der Architekten Bruno Taut und Hoffmann, in: Moderne Bauformen (12)1913, Heft 3, S. 121.

Miets- und Geschäftshaus „Am Knie"
1) Adolf Behne, Bruno Taut, in: Pan (3)1913, S. 540.

Dampfwäscherei Reibedanz
1) Vortrag von Bruno Taut, gehalten in der „architectura et amicitia", Amsterdam, am 13. Februar 1923, zitiert in:
Landeshauptstadt Magdeburg (Hg.): Bruno Taut. Eine Dokumentation. Magdeburg 1995, Heft 20, S.139.

Mietshaus Hardenbergstraße
1) Adolf Behne: Bruno Taut, in: Der Sturm (4)1914, S. 182.
2) Kurt Junghanns: Bruno Taut 1880-1938. Leipzig 1998, S. 21.

Siedlung Freie Scholle in Trebbin
1) Bruno Taut: Genossenschaftsarchitektur, in: Wohnungswirtschaft (3)1926, Heft 1, S. 12.

Siedlung Schillerpark
1) Für die neue Volkswohnung – Für die neue Baukunst Berlins!, in: Wohnungswirtschaft (2)1925, Heft 1, S. 3.

Streusiedlung Mahlsdorf
1) Bruno Taut: Städtebauliches und Technisches zur Siedlung Mahlsdorf, in: Wohnungswirtschaft (1)1924, Heft 14, S. 139.

Wohnanlage Trierer Straße
1) Bruno Taut: Wiedergeburt der Farbe, in: Farbe am Hause – Der erste deutsche Farbentag in Hamburg, Berlin 1925, S. 19.

Siedlung Freie Scholle in Berlin
1) Bruno Taut: Siedlungsmemoiren (geschrieben 1936), abgedruckt in: Architektur der DDR (24)1975, Heft 12, S. 763.

Siedlung Paradies
1) Bruno Taut: Bauen – der neue Wohnbau, Leipzig/Berlin 1927, S. 67.

Wohnhaus Taut in Dahlewitz
1) Bruno Taut: Ein Wohnhaus (Reprint der Ausgabe von 1927), Berlin 1995, S. 26.
2) Bruno Taut: a. a. O., S. 20.
3) Bruno Taut: a. a. O., S. 101.

Kleinhaussiedlung Hohenschönhausen
1) Bruno Taut: Bauen – der neue Wohnbau, Leipzig/Berlin 1927, S. 36.

Wohnanlage „Schönlanker Straße"
1) Bruno Taut: 1927, Die Lücke im Baublock eine Lücke in der Bauordnung von Berlin, in: Bauwelt (18)1927, Heft 32, S. 791.

Waldsiedlung Onkel Toms Hütte
1) Bruno Taut: Die Farbe, in: Gehagnachrichten (1)1930, Nr. 6.
2) Erläuterungsbericht der GEHAG zum Farbenplan von Bruno Taut (Generalakte GEHAG, Bezirksamt Zehlendorf).

Wohnstadt Carl Legien
1) Bruno Taut: Der Aussenwohnraum, in: Einfa-Nachrichtenblatt (2)1931, Nr. 4, S. 4.

Siedlung Ideal
1) Bruno Taut: Siedlungsmemoiren (geschrieben 1936), abgedruckt in: Architektur der DDR (24)1975, Heft 12, S. 763.

Friedrich-Ebert-Siedlung
1) Bruno Taut: Siedlungsmemoiren (geschrieben 1936), abgedruckt in: Architektur der DDR (24)1975, Heft 12, S. 765
2) a.a.O., S. 764.

Städtebau und Architektur bei Bruno Taut
1) Für die Ernsthaftigkeit, aber auch für den Humor Tauts stehendes Zitat aus:
Der Aussenwohnraum (von Prof. Bruno Taut), in: Einfa-Nachrichtenblatt (2)1931, Nr. 4, S. 3.

2) a. a. O., S. 2.

3) a. a. O., S. 3.

4) a. a. O., S. 4.

Literatur
Bibliography

Akademie der Künste Berlin (Hg.): Bruno Taut 1880-1938, Ausstellungskatalog, Berlin 1980.

Deutscher Werkbund (Hg.): „WerkundZeit": Aus den 20er Jahren. Eine Erbschaft und ihre Erben. Berlin September 1977.

Hartmann, Kristiana: Deutsche Gartenstadtbewegung, München 1976.

Huse, Norbert (Hg.): Vier Berliner Siedlungen der Weimarer Republik, Ausstellungskatalog, Berlin 1987.

Junghanns, Kurt: Bruno Taut 1880-1938. Architektur und sozialer Gedanke, Leipzig 1998 (3. Aufl.).

Nerdinger, Winfried; Hartmann, Kristiana; Schirren, Matthias; Speidel, Manfred (Hg.): Bruno Taut, 1880-1938. Architekt zwischen Tradition und Avantgarde, Stuttgart, München 2001.

Pitz, Helge; Brenne, Winfried: Bauwerke und Kunstdenkmäler von Berlin, Beiheft 1, Bezirk Zehlendorf, Siedlung Onkel Tom, Berlin 1980.

Schirren, Matthias: Bruno Taut, Alpine Architektur, Eine Utopie, München, Berlin, London, New York 2004.

Speidel, Manfred (Hg.): Bruno Taut, 1880-1938, Natur und Fantasie, Berlin 1995.

Taut, Bruno: Alpine Architektur, Hagen i. W 1919.

Taut, Bruno: Die Stadtkrone, Jena 1919.

Taut, Bruno: Der Weltbaumeister. Architekturschauspiel für symphonische Musik, Hagen i. W. 1920.

Taut, Bruno: Ein Wohnhaus, Stuttgart 1927.

Taut, Bruno: Bauen. Der neue Wohnbau, Leipzig und Berlin 1927.

Taut, Bruno: Die neue Baukunst in Europa und Amerika, Stuttgart 1929.

Taut, Bruno: Architekturlehre, verfasst 1936/1937, Erstveröffentlichung 1948 in Tokio, Berlin/Hamburg 1977.

Whyte, Iain Boyd; Schneider, Romana (Hg.): Die Briefe der „Gläsernen Kette" 1919-1920, Berlin 1986.

Zöller-Stock, Bettina: Bruno Taut – Die Innenraumentwürfe des Berliner Architekten, Stuttgart 1993.

Abbildungsnachweis
Picture credits